모든 병에서
벗어나는 힘

차크라 명상

저자
김태은

모든 병에서 벗어나는 힘
차크라 명상

2023년 2월 13일 초반 발행
2023년 2월 13일 초판 1쇄

지은이 김태은
펴낸이 김태은
펴낸곳 (주)아유르베다 라이프 출판사
주 소 서울시 강남구 청담동 109-19
전 화 02) 540-0023
팩 스 02) 540-0023
인 쇄 한국학술정보(주)
ISBN 979-11-960833-3-5 (03510)

차례 ✳

머리글   007

1부 | 차크라는 진동이다

01 기내려온다   015
02 두 눈 감고 집중하라 차크라의 빛이 내 안에   017
03 면역력 높이다(손 차크라 에너지)   019
04 차크라 에너지는 진동이다   021
05 모든 통증 도움 주는 차크라   022
06 목통증과 어깨통증 차크라로 치유   025
07 무릎통증 차크라 치유   026
08 소울(Soul)과 차크라 명상   028
09 아유르베다, 마하라쉬 명상 그리고 차크라   033
10 아유르베다와 차크라로 허리통증 치유   042

2부 | 모든 질병 차크라 치유

01 우리 몸의 한정된 에너지로 7가지 차크라를 운행할 수 있는가   046
02 자연치유 지금 변화의 바람은 차크라   048
03 차크라 명상(Chakra Meditation)   049
04 차크라 그리고 아유르베다   051
05 차크라로 건강을 지키게 된다   057
06 자신의 체질을 알아야 병을 예방할 수 있다   059
07 차크라 명상 레이키 심볼 에너지   061
08 만트라 차크라 명상   062
09 차크라 명상 오로라 빛 단계로 들어가다   064
10 차크라 7개의 빛   066

3부　차크라 빛 치유에너지

01　차크라 원리　068
02　차크라 명상으로 면역력 증가　069
03　차크라 명상으로 원치 않는 습관 치유하기　071
04　차크라 명상은 스스로 내적 에너지를 높인다　072
05　차크라 빛 면역 에너지　074
06　차크라 운동 역학 테스트　075
07　차크라 - 혈액(나디)과 연결　078
08　차크라 어떻게 치유 되는가　080
09　차크라는 혈액순환 펌프 역할을 한다　085
10　차크라로 스트레스 완화　087

4부　차크라는 생명력

01　차크라의 기능　092
02　차크라 신비의 비밀　095
03　차크라의 내면 바라보고 평가하기　097
04　차크라의 능력　099
05　차크라의 치유 대상은 누구인가　100
06　참을 수 없는 통증 다스리는 차크라　103
07　진동에너지(만트라)　104
08　차크라는 생명력　107
09　차크라 명상 습관　110
10　암 통증 차크라로　111

5부 공황장애 차크라 치유

- 01 불(아그니)을 주관하는 차크라   114
- 02 자살 차크라 에너지로 생각 바꾼다   115
- 03 차크라로 자신의 건강을 지키자   116
- 04 쿤달리니 에너지   118
- 05 하루의 소중함   120
- 06 공황장애 치유되는 차크라   122
- 07 염증 차크라로 치유   123
- 08 레이키(REIKI) - 손치유 에너지   124
- 09 죽음 앞에 선 사람들 차크라 명상   126
- 10 잘못된 인성을 치유하는 차크라 명상   127

6부 암 차크라 치유

- 01 치매 치유하는 차크라 명상   130
- 02 우울증 치유하는 차크라   131
- 03 허리 통증 치크라 치유   133
- 04 어깨 회전근 파열 차크라 치유   134
- 05 차크라는 혈액순환을 증가시킨다   135
- 06 실명 회복해 주는 차크라   136
- 07 차크라 명상은 빛의 치유   137
- 08 암 차크라로 치유   140
- 09 오래 사는 방법 차크라   144

전체 교육과정 / 치유 프로그램   146

참고문헌   147

머리글

차크라 에너지는 누구에게나 있다

　차크라는 바퀴라는 뜻이다. 바퀴가 굴러갈 때 그 에너지는 강력하다. 사람에게나 동물에게나 식물 등 모든 자연 즉 우주가 존재하게 하는 힘도 바로 차크라의 원리라 할 수 있다.

　차크라는 사람에게 국한되어 말한다면 혈에 관여한다. 모든 혈액이 맑고 탁하지 않게 하여 우리 몸 전신을 순행하게 하여 쌓인 노폐물은 걸러내어 땀이나 소변, 대변으로 나가게 도와준다.

　차크라 에너지 면역력을 올리는 방법은 동작 훈련에 의해서 증가된다. 어떠한 도구나 재료로 인해 차크라 에너지를 올리는 것은 아니다. 물론 전혀 도움 되지 않는 것은 아니지만 차크라는 오로지 자신의 에너지로써 높일 수 있다.

　차크라는 요가에서도 중요한 포인트다. 요가를 하는 사람들은 다른 사람들보다 훨씬 더 빠르게 차크라 에너지를 높일 수 있다. 하지만 막힌 사고를 가진 사람이라면 힘들 것이다. 요가를 하지 않은 사람이 긍정적인 사고를 가진다면 더 좋은 차크라 에너지를 습득 할 수도 있다.
　차크라는 눈에 보이지 않은 기 에너지를 말한다. 보이지 않은 에너지를 얼마나 많이 받아들일 수 있는 기초단계의 이론을 먼저 이해하여야 한다.

보이지 않는 에너지는 우리 몸 전신에 흐른다. 이것은 기계로 측정할 때 기 에너지의 수치를 느낄 수 있다. 즉 맥박이나 호흡 등도 이에 해당한다.

차크라 에너지는 우주의 에너지이다. 사람을 소우주라 한다. 차크라는 사람의 에너지라 할 수 있다. 현대 사회는 환경, 경제, 정치, 사회면에서 일어나는 예기치 못하는 변수에 어느 것을 정도라 할 수 없을 만큼 모든 게 예측 불가능한 시대다.

이처럼 우리 자연도 마찬가지다. 각종 환경오염에서 발생되는 여러 가지 악조건들이 발생할 때 인간은 그 지배를 같이 받는 다는 사실에 경각심을 가져야 할 것이다.

단적인 예로 사람은 건강하게 살 수 없는 환경에 놓였다. 다시 친환경적인 노력을 해야 하는데 앞으로 수십 년간 이상 노력을 해야 회복될 것인지도 확신이 없는 상태다.

결국은 사람의 생명을 앗아가는 불행이 시작된 것이라 할 수 있다. 좋은 공기와 좋은 물 이제는 이것이 금보다 더 가치가 있는 조건으로 변하게 되었다. 차크라는 명상적인 자세를 취하고 눈을 감고 에너지의 5단계의 훈련을 하면 자신의 몸에서 진동이 생긴다. 그것은 에너지이다.

오로지 마음과 정신을 온 몸에 집중하여 차크라 에너지 증가 훈련을 하면 된다. 어렵지 않다. 자신이 가진 부정적인 생각들, 행동들 모두 걸러내어 정화하여야 에너지가 더 강하게 자신의 몸에 증가된다. 욕심도 버려야 한다. 모든 이해관계에서 스트레스 받지 않는 마음의 훈련을 하게 된다.

전문가의 도움을 받으면 쉽게 에너지를 생성할 수 있다. 없는 곳에서 에너지를 만들어내는 것이 아니라 존재하는 것에서 나쁜 에너지는 몸에서 배출시키고 좋은 에너지는 더 증가하는 것이 바로 차크라의 훈련법이다.

쉽다. 누구나 할 수 있다. 단지 차크라의 에너지를 증가해 줄 수 있는 능력을 가진 사람에게 훈련을 받는 것이 중요하다. 이론만으로 되지 않는다. 또 면역력을 증가 할 수 있더라도 기본 이론을 습득하지 않으면 한계에 도달한다. 더 이상 에너지를 증폭 되질 않는다.

차크라는 단순하다. 하지만 단순하지만 쉽지 않다. 그 이유는 스스로 생각대로 머물려있으면 어렵다는 것이다. 차크라 용어가 생소하지만 이젠 현대인의 요가, 명상, 아유르베다 속에 차크라가 존재함을 이제 좀 더 많은 사람들이 찾는다.

스스로 자신의 단점을 극복하고 장점을 키워 긍정적인 마인드를 가지고 창공을 활짝 나를 수 있게 된다. 두려움도 극복된다, 걱정도 없어지게 된다. 모든 스트레스 증후군에서 빠져나오게 된다. 차크라는 단순하다. 한번의 차크라 기초 입문과정 에서도 에너지를 느낄 수 있게 된다.

차크라는 바로 생명력이다. 모든 것은 에너지이다. 에너지 사람의 활력을 잃으면 어렵게 된다. 몸에 이상이 있는 것은 마음과 정신의 조화에 균열이 있기 때문이다. 몸에 생기는 이상 증세는 스스로 극복할 수 있다. 바로 긍정적인 마음과 맑은 정신을 가지려고 노력하면 부정에너지가 긍정에너지로 바뀌어 신체에서 일어나는 이상 상은 곧 감소한다.

차크라는 종교와 상관없다. 하지만 계속 종교라는 신들의 존재의 영역이라고 생각하는 사람들이 의외로 많다. 전혀 인과 관계가 없다. 하지만 그렇게 말해도 자신의 종교에만 집착하는 사람은 차크라 받아들이기 쉽지 않음을 종종 보게 되는 경우들이 있었다.

이해하고 받아들이기까지는 쉽지 않다. 한번 고정된 사고를 바꾸는 것은 상당히 어렵다. 더구나 자신의 종교에 위배된다고 생각하는 대부분의 사람들은 차크라 받아들이질 않는다.

차크라는 영아나 산모에게도 그 에너지가 존재한다. 식물에게도 고양이에게도 모든 동물에게도 차크라 에너지는 존재한다. 중환자실에 있는 환자에게도 차크라 에너지를 높이게 할 수 있다. 차크라 마스터에 의해서 가능한 것이다.

차크라는 바로 우리 일상의 삶의 활력이다. 모든 부분에서 활력이라는 게 없으면 살아있음을 보여주기 힘든 것이다. 산다는 것은 축복이다. 아무리 힘든 역경 속에서도 사람은 이겨나간다. 그 만큼 정신력이 강하면 다른 것들은 극복할 수 있는 것이다. 허나 아무리 풍요롭다하더라도 정신이 무너지면 몸은 건강할 수 없다.

모든 것인 원만하고 순조로울 때 가장 행복한 것이다. 인간의 삶의 목적이 무엇이냐고 한다면 오래 행복하게 사는 것이다. 그러기에는 병이 없이 건강해야 하고 자신의 생각이 긍정적이고 모든 어떤 일이 있더라도 자신보다 더 못한 이웃을 위해 배려하는 봉사하는 마음과 정신이 뒷받침한다면 삶이 행복하지 않을 수 없다. 특히 고치기 어려운 암이라는 복병을 만나지 않는 것만으로도 인간은 얼마든지 행복할 수 있다.

차크라는 바로 사람들에게 행복을 줄 수 있는 힘의 활력소라고 할 수 있겠다. 수련함으로써 명상에 입문함으로써 자신에게 있는 보이지 않는 차크라의 에너지를 알아가는 소중한 기회를 만든다면 지금 보다 더 훨씬 나은 행복을 가지게 될 것이다.

차크라는 사람들에게 있어서 행복을 전해주는 전도사 역할을 충분히 해 낸다. 바로 내 몸에 존재하고 있는 에너지의 힘을 잘 살려서 좋은 에너지, 면역력 증가되는 에너지를 높일 수 있다는 것만으로 얼마든지 어려움을 극복하고 행복한 날들을 지속적으로 오래 할 수 있는 것이다.

지식과 지혜는 다르다고 한다. 지혜는 지식을 넘는다고 한다. 자신에게 필요한 것을 준비하는 것은 삶의 지혜라 할 수 있다. 지혜의 폭을 넓히는 것은 자신의 삶을 풍족하게 하는 것이다.
차크라는 그러한 영향 속에 있다.

현대사회에서는 사람들과의 관계가 상당히 어렵다. 어떻게 사람 마음을 읽을 수 있단 말인가.
정말로 한치 앞도 모를 만큼 사람과의 관계는 매우 어렵다. 학생과 스승. 직장 동료사이. 부하와 상사와의 관계, 부모와의 관계, 가족과의 관계, 형제간의 관계 등 나 자신외의 모든 관계는 너무나 힘들다.

아마 동물들도 식물들도 마찬가지일 것이다. 그러한 조건 속에서 자신의 이미지를 착하게 하여 살아나가는 지혜가 필요하다.
더 많이 긍정의 힘을 키우고 긍정의 힘으로 바라보고 행동하는 사람들은 차크라 에너시가 스스로 사기에너지를 중사시키고 있는 것이다. 참으로 지혜롭다.

차크라의 에너지가 몸에 더 많이 들어오기 위해서는 스스로 하루에 임할 때 두려움이나 걱정 없어야 하며 스트레스 갖지 않을 려고 노력해야 한다. 그리고 하루에 임할 때 정직해야 한다. 또한 하루에 만나게 되는 모든 이웃들에게 친절해야 한다. 이러한 노력을 할 때 하루에 있는 각종 스트레스 위기에서 벗어날 수 있다.

차크라는 기 에너지이다. 차크라는 진동이다. 움직이지 않으면 죽은 것이기 때문이다. 나뭇잎 새 하나라도 바람에 흔들리는 것이 모두 다르다. 나뭇잎이 모두 다르게 가지위에 있기 때문이다. 그래서 바람이 불 때 나뭇잎 새 흔들림이 모두 다르다.

이처럼 사람의 진동도 개인체질만큼이나 다르게 느낄 수 있다. 몸에 진동은 있으나 대부분은 사람들은 잘 모른다. 삼키야 철학(Samkhya Philosophy of Creation)에 의하면 자아를 나타내는 아함카(Ahamkar)의 본질에는 3가지 구성요소가 있다. 첫 번째 샤트바(Satva)의 구성을 보면 센스기관인 귀와 피부, 눈, 혀, 코가 있으며 두 번째 운동조직에는 입, 손, 발, 재생조직과 노폐물 조직이 있다. 그리고 두 번째로는 라자스(Rajas) 즉 역동적인 힘 세 번째로는 타마스안에 에테르요소인 소리, 공기요소, 불의 요소인 보는 것, 물의 요소인 맛보는 것, 흙의 요소인 냄새 이러한 것은 바로 나(I am)를 나타낸다.

나라는 존재는 우주적이며 창조적이다. 스스로 몸을 함부로 할 수 없다. 생명의 존재는 위대하며 창조적이라 할 수 있다. 이러한 존재의 에너지의 활력은 아주 중요하다. 차크라의 에너지 또한 삼키야 철학과 연결되어 있다.

차크라 명상은 사람들의 하루 삶속에 늘 함께 공존한다. 마음과 생각과 몸은 곧 자연이며 우주(Cosmic)다. 명상으로 하루를 열며 마무리하는 것은 평범한 삶에서 꼭 필요하다.

1부

차크라는 진동이다

01

기 내려온다

사람에게는 기가 있다. 기가 있다는 것은 살아있음을 뜻한다. 창문 밖을 보면 나뭇가지에 물이 든 통통한 목련 잎사귀를 발견할 수 있다. 겨우내 꽁꽁 얼어 있어서 생명력을 잘 느낄 수 없었지만 땅속에서 목련나무는 계속 봉오리를 맺기 위해 노력했음이 절실히 보여진다.

모든 식물에도 동물에도 살아있음을 상징하는 기 에너지가 흐른다. 기는 진동이다. 진동은 파동이다. 파동은 떨림이다. 이러한 것 없이 아무런 움직임 반응이 없다면 산 것이라 할 수 없다. 연필, 지우개 이런 고형물들은 살아있는 것이 아니다. 살아있다는 것은 생명이 존재한다는 의미이나.

사람에게 수명은 보통 70세 정도라 한다. 하지만 지금은 백세시대라고 하지만 그 나이 대는 아직도 한창 젊은 나이라고 한다. 20대, 30대도 생명이 위험에 놓여 있는 경우들도 있다.

사람들은 모든 것에 대한 자존감이 있다. 너무 강한 것은 약한 거 보다 좋은 것이 결코 아니다. 아무리 강한 사람일지라도 병 앞에서 무너지는 생명력을 볼 때 누가에게나 일어 날 수 있는 이러한 일들을 보면 참으로 안타깝다.

살아있을 때 최선으로 자신을 지켜야 한다. 그것이 마음적, 정신적이든 언제 어디서든 예기치 못하게 일어나는 스트레스를 잘 극복하면 신체는 건강해질 수 밖에 없다.

올해는 토끼띠 해이다. 토끼처럼 영리하고 지혜로운 기운을 받아 모든 사람들이 무엇보다 건강했으면 하는 바램이다.

02
두 눈 감고 집중하라 차크라의 빛이 내 안에

혹자는 질문한다. 차크라 책을 사서 보아도 도대체 이해 할 수가 없다고 하였다. 차크라는 눈에 보이지 않는 기이다. 공기도 눈에 보이지 않는다. 에테르도 눈에 보이지 않는다. 눈에 보이지 않는 사람에게 꼭 필요한 생명의 에너지다. 이를 가질려면 차크라를 이해해야 한다. 차크라가 우리 몸에서 생성되는 이치를 깨달아야 한다. 이론과 실기에 의해서 훈련되면 누구나 차크라 에너지를 소유할 수 있게 된다.

차크라는 빛이다. 빛의 에너지 태양의 에너지 없이는 식물과 동물은 자라날 수 없다. 생명과 곧 직결된다. 차크라 에너지를 가지려는 훈련 중 하나 두 눈을 감아야 한다. 감은 상태에서 들어오는 빛이 다르다는 것을 깨닫게 된다.

그 빛의 움직임은 바로 차크라 에너지이다. 7개의 차크라는 무지개 빛처럼 나뉘어져 있다. 우리 몸 둘레를 형성하고 있는 오로라도 빛으로 쌓여 있다. 사람은 자연이고 자연은 우주의 범주 안에 있다. 자연의 법칙을 어기면 건강도 잃어버리고 삶도 잃어버리게 된다.

하지만 자연을 복원하면 다시 생명도 정화된다. 두 눈을 감은 상태에서 잃어버린 에너지를 찾게 되는 것이 바로 차크라이다.

　차크라의 빛은 우리 몸의 혈액, 혈장 뼈조직 지방조직, 근육조직, 재생조직, 골수 등 7가지 생체조직에 관여한다. 빛은 곧 에너지이며 생명이다. 두 눈을 감고 집중하면 차크라 빛이 움직이기 시작함을 느낄 수 있고 몸 안으로 들어오게 할 수 있다.

　병이 나면 어디에서 원인인지 많은 의학자들은 오늘도 그에 대한 연구를 불철주야 연구한다. 차크라는 그 원인을 찾는데 가장 훌륭한 방법이라 할 수 있다.

03
면역력 높이다(손 차크라 에너지)

이제 계묘년인 2023년이 시작되었다. 이번에도 일출 보러 속초에 다녀왔다. 지평선에서 오전 7시 43분에 해가 보이기 시작했다. 세상의 새로운 빛이 토끼해에 다시 우리들 곁으로 찾아왔다. 우리는 이 빛의 구분으로 낮과 밤을 구분한다.

세상에 빛이 없다면 생명이 오랫동안 존재하지 못할 것이다. 또한 모든 것이 보이지 않는 큰 어려운 경험을 해 보았다면 보이는 것이 얼마나 큰 축복인지 절절히 경험하게 될 것이다. 이처럼 해처럼 밝게 빛나서 세상이 눈에 보이지만 어둠속에서도 보이는 것이 있다. 움직이는 것이 있다. 존재하는 것이 있다. 그것이 바로 기 에너지이다. 에너지는 힘이다. 힘은 바로 생명력이다.

우리 몸에서의 힘은 바로 혈액순환이다. 혈액순환은 곧 면역력 회복의 힘이다. 눈에 보이지 않는 에너지는 기라 할 수 있다. 눈에 보이는 것과 보이지 않는 것이 조화롭게 되어야 균형이 맞는 에너지라 할 수 있다.

옛날에 '할머니 손은 약손'이라는 말이 있듯이 약손이 바로 기 에너지를 가진 힘이라 할 수 있겠다. 현대의학에서보다 한의에서 침을 놓는 것을 바로 기가 없는 사람들에게 기가 흐르게 하는 방편이라 할 수 있겠다. 한의와 양의가 논쟁하는 것이 바로 이 부분이라 할 수 있다.

요즈음 통합의학이 필요로 한다고 한다. 현대의학과 대체의학, 기능의학 아유르베다도 필요로 한다. 아유르베다 안에 운동요법 아사나를 중시하는 요가와 정신을 다스리는 명상 요법은 심신 일체의학으로 마음의 다스림으로 몸을 치유하는 기적이 일어난다고 한다.

기능의학 아유르베다가 곧 미래의학이라는 것을 증명해 주는 말이 아닐 수 없다. 실제로 한방에서는 질병이 있는 사람들에게 병 치유에 대한 강한 확신과 신뢰를 먼저 준 다음에 장기 기능을 북돋우어 근본을 치유하고 있다. 병이 난 뒤에 다스리기보다는 병이 나기 전에 말과 마음으로 치유하는 심의적인 단계를 더 높이는 데에 있다.

기능의학인 아유르베다의 목적도 우리나라 한의와 다를 바 없다. 아유르베다는 우주전체를 4차원 시공연속체로 보는 현대 물리학적 개념의 연상선상에서 몸과 마음이 서로 밀접한 상생, 상극의 영향을 주고받으며 삶을 영위한다는 현대적인 생체의학 개념이다. 빛의 에너지인 손 차크라 에너지는 우리 몸 신경절까지 면역력을 증가시켜 질병에서 벗어나게 도와준다.

04
차크라 에너지는 진동이다

    살아 있는 모든 동, 식물들은 진동이 있다. 그것은 움직임을 말한다. 움직임은 바로 떨림 그것은 진동이다. 죽은 것은 진동이 없다. 자연의 원소에는 에테르(공간), 공기, 불, 물, 흙으로 5가지 요소가 있다. 에테르와 공기는 바유을 나타내고, 불과 물은 피타를 물과 흙은 카파를 나타낸다. 이것을 3 도샤(Dosa)라고 하며 살아 있는 모든 것은 기성의 지배를 받는다. 차크라에는 7가지 차크라가 있는데 사하라 차크라와 아주나 차크라 그리고 비슈다 차크라는 에테르의 원소가 적용된다. 그 다음 아나하타 차크라는 불의 요소의 지배를 받고 매니퓨라 차크라는 불의 영향을 받는다. 물의 영향을 받는 차크라는 스와디스탄 자크라이며 흙의 영향을 받는 자크라는 무라다르 자크라이다.

    진동에 의해서 7가지 차크라 에너지가 역량을 펼친다. 곧 차크라는 움직임 즉 진동의 힘에 의해서 기 에너지가 증폭된다. 그리하여 몸과 마음과 정신적인 것에 차크라 에너지가 작용한다.

05
모든 통증 도움 주는 차크라

질병에 노출되었을 때 사람들이 너무나 힘들어 하는 증상은 통증이다. 몰핀을 찾을 때는 마지막 생명의 갈림길이다. 이것을 맞으면 더 이상의 건강한 삶을 찾아볼 수 가 없다. 그러기에 사람들은 자제한다. 통증을 이길 수 있는 방법이 있다면 할 수 있는 모든 방법들을 동원할 것이다. 그래도 살과 뼈를 감싸고 깊이 나타나는 통증은 사람들의 인내를 가볍게 무시하며 감당할 수 없는 좌절과 고통의 나락으로 빠져들게 한다.

이를 곁에서 지켜보는 사람은 얼마나 더 고통스러울까 싶다. 오직 바라다 보기만 할 뿐이다. 절망에 놓인 가족들의 아픔이 점점 깊어져 그 끝이 어딘 줄은 아무도 짐작조차 하지 못한다.

통증을 조금이라도 완화할 수 있다면 몰핀이든 무슨 주사든 모두 가져와 맞게 해주고 싶은 심정 일 것이다. 사람들은 궁지에 몰리면 무엇이든 선택한다. 그러지 않고서는 다른 방도가 없다. 가족들도 참으로 힘들 것이다. 하지만 호랑이에게 물려가도 정신을 차리면 살수 있다는 말이 있듯이 통증에 대한 해결 방안을 찾아보면 좋은 방법이 있다.

'차크라'라는 기 에너지 통증치유가 있다. 차크라가 도움 된다고 아무리 외

치고 떠들어도 통증 때문에 몸부림치는 사람조차 모르는 이 들이 거의 대부분이다. 차크라는 모든 통증 완화에 기적 같은 에너지로 도움을 준다. 몰핀을 맞지 않아도 통증이 감소된다. 기적 같은 일이 아니라 오래 전부터 있었던 차크라 기 에너지 방법이 있다. 사람들은 눈을 가리고 입을 가리고 귀를 가리는 사람만이 있다. 그들은 정말 아무것도 모른다. 모든 게 마냥 아쉬울 뿐이다. 정말 안타깝다. 차크라가 무엇인지 모르는 사람들이 너무도 많다. 가족들도 모른다. 답답한 것은 서로 마찬가지이다. 정보도 모르고 설사 차크라가 있다한들 그것이 정말 효과가 있는지 조차 의심이 가서 하기가 쉽지 않을 것이다.

우리가 과거를 돌아보고 수 백만년 동안의 인류 진화를 추적해보면 식물과 동물은 매우 느리게 움직였다는 것을 알 수 있다. 그 이후 인간들은 도시와 마을을 형성한 뒤에는 삶이 훨씬 더 복잡해졌다. 지난 100일동안 전통적인 모든 것을 현대적인 모든 것으로 바꾸어 놓았다. 공동지능 연구소의 설립자인 Tom Altee는 "세계는 점점 더 좋아지고 점점 더 나빠지고 있으며, 동시에 점점 더 빨리 나빠지고 있다"고 말했다.

차크라는 눈에 보이지 않는 에너지다. 차크라는 통증을 일으키는 신경 혼란을 먼저 다스려준다. 다음 순간에 차크라는 힘을 뻗쳐 작용한다. 차크라는 진공청소기와도 같은 것이다. 차크라에 힘을 가하면 청소기가 작동할 때 주위의 작은 쓰레기 같은 것도 딸려오듯이 전신에 흩어져 있는 작은 통증도 잡아당긴다. 차크라는 나사 바퀴처럼 에너지가 돌아간다. 그 파괴력은 대단하다. 총알이 지나간 뒤의 파괴력은 상상가지 않을 정도로 크듯이 차크라 또한 그 에너지의 힘이 대단하다. 차크라는 부작용이 없다. 통증 완화에는 무조건 차크라이다.

항암요법으로 통증을 제어하는 것과는 차원이 다르다. 항암요법은 정상적인 세포도 없애버리는데 차크라는 그렇지 않다. 차크라의 에너지는 모든 통증에 도움준다. 자연 기 에너지 운동의 힘으로 하기 때문에 부작용도 없다. 통증마다 강도가 다르다. 특히 말기 암의 통증은 사람에게 너무 가혹할 정도로 잔인하게 고통을 준다. 자연에서 나온 에너지 차크라 기 에너지 최고의 치유법이라 할 수 있겠다. 통증 완화 방법은 차크라다.

06
목통증과 어깨통증 차크라로 치유

학교에서 차크라 명상 수업을 하였다. 오늘은 차크라 치유에 대한 실습을 하였다. 두 번째 모델로 지원하는 학생은 평상시에 목과 어깨에 통증이 있다고 호소하였다. 엎드리게 한 후, 차크라를 집중하여 5분 정도 쏴주었다. 그런 후에 등 전체와 몸 주위를 손바닥으로 훑어주었다.

목과 어깨에 해당하는 차크라는 Throat Chakra에 영향을 미친다. 부위는 목에 해당한다. 목은 목뒤와 통한다. 그리고 3번째 차크라는 Lympathic system(림프 계)이다. 조직은 Throat(목), Upper Lungs(폐), Alimentary Canal(소화기관), Bronchial(기관지), Vocal Apparatus(목소리 기관)에 영향을 미친다.

학생은 차크라 에너지를 받은 후에 느낌을 말하였다. "교수님이 손을 대는 순간 뜨거운 열이 전해졌다. 등을 훑어 내릴 때에도 강한 열이 지나갔다."고 말하였다. 그녀의 얼굴이 좀 전 보다 빨갛게 홍조를 띄고 있었다. 차크라 명상 수업은 명상에 그치는 것이 아니라 기 에너지 모으는 방법과 쏘아주는 방법을 오늘 수업을 통하여 학생들은 배우게 되었다.

07
무릎통증 차크라 치유

차크라 명상 수업시간에 무릎이 평상시에 아픈 스님이 모델로 자청하고 나섰다. 수업이기에 한사람에게 많은 시간을 할애할 수 없었다. 시간은 5분에서 10분 사이에서 차크라 에너지를 쐬주었다.

발끝까지 훑어준다. 손바닥에서 뜨거운 에너지가 나온다. 손만 갖다 대면 손에서 뜨거운 기가 나오는 것을 느낀다. 그 뜨거움으로 전신을 감싸준다. 우리 몸 주위 둘레에는 오라(Aura)가 7개의 빛으로 둘러쌓여 있다. 그것은 곧 7개의 차크라와 같은 에너지라 할 수 있다.

1, 2, 3의 차크라를 'Spiritual plane'이라 한다. 4, 5의 차크라는 'Astral plane(bridge)'이라 하고 6, 7의 차크라를 'Physical plane'이라고 한다.

Spiritual plane 은 머리와 이마 목의 차크라를 나타내고 Astral plane은 가슴과 위장을 나타낸다. Physical plane은 장과 생식기를 나타낸다. 이렇게 7 가지 차크라는 우리의 몸의 장기와 연결되어 있다.

몸 전체를 먼저 차크라를 쐬아주고 무릎에만 정지하여 손바닥으로부터 나오는 기 에너지를 1분정도 넣어주고 마쳤다. 차크라를 받은 학생은 일어나자마자 앉았다 섰다를 반복한다. 아마 자신만이 아는 통증의 판단을 하기 위해서이다. 차크라를 받은 학생은 느낌에 대해서 말했다. '좋아진 것 같기도 느껴지고 아닌 것 같기도 하고.'

그렇다. 손으로 에너지를 받는 순간 치유 받는 입장에서는 잘 느끼지 못하는 경우도 있다. 그러나 개인 체질에 따라 역량이 작은 차크라 에너지라 할지라도 우리 몸에 서서히 퍼져 나간다. 시간이 지나면서 전신으로 차크라 기 에너지는 운행한다. 스폰지에 물이 묻으면 서서히 전신에 스며들듯이 차크라 에너지는 그렇게 우리 몸에서 혈을 움직인다. 차크라는 통증도 사라지게 한다. 통증의 원인은 혈이 뭉쳐져 있어서 혈액순환이 되지 않기 때문이다.

08
소울(Soul)과 차크라 명상

차크라의 체계는 곧 인간의 영혼구조(Soul struction)에 관한 것이다. 전체적으로 몸과 마음을 연결하는 다리를 형성한다. 차크라들은 그 광선을 따라 징검다리를 만들고 그 양극을 하나로 묶고 있다.

차크라(Chakra)는 기에너지 이다. 아유르베다 산스크리트어(Sanskit)에서는 차크라는 '바퀴'라는 뜻을 의미한다. 굴러갈수록 힘이 점점 강해지는 원리를 나타낸다. 이러한 힘은 내 몸을 이루는 육체와 마음과 정신에 투입하게 된다. 이러한 훈련은 명상을 통해서 이루어진다. 요가(Yoga)는 유니온 "Union" 즉 차크라가 기원한 체계라는 의미를 가지고 있다. 쿤달리니 자세를 취하여 우리 몸을 이루고 있는 7 차크라 위치마다 에너지를 증폭시키는 차크라로 우리에게 영혼(Soul)을 따라가는 길을 보여준다.

차크라 명상은 우리의 몸과 마음과 정신을 건강하게 한다. 사람들은 누구에게나 살다보면 희노애락이 있다. 차크라 명상은 이러한 삶의 목적 동기부여에서도 아주 강력한 에너지를 발휘한다.

예를 들어 보면 투자회사에 다니는 A씨는 중간관리자로 일하는 것이 항상 불행하다고 여긴다. 그의 월급은 청구서를 커버하기엔 충분했지만 늘 부족한 경제사정 때문에 매일 사는 것이 다람쥐 쳇바퀴 달리는 것 같은 삶을 살고 있다는 생각에 그래서 늘 부정적이었다. 그는 늘 그 부족함을 채우려는 강박관념에 사로잡혀 있었다.

자신뿐만 아니라 다른 사람들도 그와 비슷한 고통을 가지고 있다고 믿었다. 일자리가 사라진 수만 명의 선량한 사람들을 위해 그는 상황을 개선하기 위해 무엇이든하고 싶었지만 그 방법을 알지 못했다. 또한 그는 두 아이가 있었는데 대학에 입학 할 수 있는지 없는지 항상 불안감에도 늘 시달려 왔다.

다른 예를 들자면 B씨는 몇 년 전에 이혼을 했다. 과거를 청산하고 그리고 자신의 실수로부터 배우고 자신이 무엇을 원하는지에 대한 결정도 고민하는데 시간을 많이 보냈다. 그리고 그녀는 자신의 열정을 공유하는 파트너도 갈망했다. 하지만, 그녀는 두 아이를 둔 미혼모로서 그녀가 꿈꾸던 새로운 남자를 찾기는커녕 데이트할 시간도 거의 찾을 수 없었다.

또 다른 사람 C씨는 항상 많은 아이디어를 가지고 있있지만 돈이 항싱 걸림돌이었다. 그는 계속 일할 때마다 평상시 보다 더 많은 빚을 졌고 그것을 메꾸기 위해 뛰어다니며 일했다. 그는 헌신적인 시민운동가였지만 그의 열정과 일치하는 새로운 프로젝트를 시작할 때마다 청구서들이 쌓이고 그가 계속하여 다른 직장으로 이직하게 되었다. 그러면서 그가 진행하던 프로젝트들이 모두 정지되었다. 그가 일한 곳에서는 최저임금만 지불했다. 삶이 늘 힘들었다.

어떤 이는 집을 사고 싶었지만 신용점수가 낮아 은행 대출이 거의 막혀있었다. 늘 사는 것이 힘들어졌다.

곤경에 처한 이 사람들의 공통점은 무엇일까?

그들 모두는 무엇을 갈망했다. 그 꿈을 현실로 가지고 올 수는 없었다. 이러한 어려움을 어떻게 극복해야 될지 모르는 난관에 모두 직면했다. 난관에 빠진 사람들은 더 나은 곳으로 가기위해 적극적인 삶에 집중했다. 그들은 당장 생계를 꾸려야만 하는 현실에서 항상 어려움이 많았다. 그래서 삶의 목적을 실현시킬 수 없었다. 팀원과 일하고 더 큰 이익을 얻기 위해 더 열심히 일했으나 결과는 참담했다.

이것을 보면 많은 사람들은 자신의 꿈이 무엇인지 모르고 자신의 잠재력을 발휘하지 못하는 것에 대한 좌절을 느낀다. 많은 사람들은 그들의 삶이 목적이 있다는 것을 알고 있지만 그들은 그 목적이 무엇이고 그것을 어떻게 찾아야 하는지 전혀 알지 못한다. 또한 어떤 사람들은 너무 많은 꿈을 꾸는 것으로 고통을 겪는다.

해법으로는 그들의 선택지를 좁히고 에너지를 집중하는 것인데 이것에 대한 신뢰가 없다. 그렇기 때문에 항상 반복된 고통에서 벗어나지 못한다. 부정적인 내면의 목소리, 의심, 두려움에서 시달리고 있다. 모든 사람들은 압도적으로 보이는 장애물에 직면해 있다. 이제 여기서 멈추어야 살 방법이 생긴다.

사람들은 누구나 때론 인생에서 좌절감을 혼자 감당하기 어려운 곳에 있다. 항상 승승장구하는 사람들은 드물 것이다. 분명한 사실은 어려움을 통해 성장하는 것은 분명하다. 차크라 명상은 비전, 영감, 그리고 행동을 창조하는 삶을 사는 길을 찾는 데 도움을 준다. 나아가 개인은 변화의 주체, 의식적인 변화를 주도하는 잠재적인 힘을 가지고 있다.

이러한 에너지를 차크라의 명상으로 인하여 얻을 수 있다. 차크라의 에너지는 우리의 삶 전반적으로 일어나는 부정적인 모든 것들을 긍정으로 바꾸는 Power를 가지고 있다. 차크라는 마음과 영혼적인 것 그리고 육체적인 것들의 3가지 결합으로 이어져 있음을 알 수 있다. 육체적인 것에서 영혼이 빠져나간다면 그것은 의미가 없다. 살아있다는 존재조차 없어지기 때문에 내 몸 안에 있는 마음과 정신적인 것들을 잘 다스려나가는 것이 매우 중요하다. 차크라 명상은 삶을 살아 나가는 데에 있어서 버팀목이 되어 일생동안 건강하고 행복하게 삶을 살아가게 된다는 것이다.

우리들은 이러한 것들에 대한 고민을 많이 하지 않는다. 환경적인 생태변화의 위기로 오늘날 코로나-19 또는 변이 바이러스로 진화되어 세계 곳곳 사람들을 괴롭히고 있다. 차크라 명상은 이러한 것으로 부터도 벗어날 수 있다. 몸과 마음과 정신적인 면역력을 증가시켜 나간다면 개인마다 일어날 수 있는 전염병을 최대한 막을 수 있는 에니지가 생기게 된다.

번뇌, 돈에 대한 두려움, 사회적 걱정, 건강문제 등 자연의 에너지인 에테르와 공기, 불, 물, 흙의 원소에너지로 하늘에서 땅까지 우리 몸 중심에서 바깥쪽으로 뻗어나가는 차크라 명상 훈련한다면 다른 사람에게 의지하지 않아도 혼자서 모든 것들을 해결해 나갈 수 있는 힘을 가지게 된다.

살아있는 모든 것은 핵심을 가지고 있다. 모든 풀잎, 모든 동물과 모든 나무, 나무의 줄기는 모든 가지와 모든 잎이 그렇듯이 핵심을 가지고 있다. 사람도 마찬가지이다. 마음과 영혼(Mind &Soul)을 주관하는 차크라의 7가지 단계를 따라가 보면 성공이 보장된다.

차크라 명상으로 그간 산만했던 것들을 씻어내고 새로운 변화를 시작해보자. 의식이 열리고 저장소가 열린다. 차크라 명상은 개인마다 의식, 조화, 자연 질서를 삶에 가져다주어 행복한 삶으로 이끌어준다.

09

아유르베다, 마하리쉬 명상 그리고 차크라

　인도는 세계에서 가장 오래된 고대 문명 발상지 중의 한곳이다. 약 13억 명의 인구를 가진 인도는 중국에 이어 세계에서 두 번째로 인구가 많은 대국이지만 절대 빈곤과 문명의 나라라는 양면성을 가지고 있기도 하다.

　인도하면 누구나 카레라는 향신료를 먼저 떠올리게 된다. 인도를 대표하는 요가는 정신과 육체의 수행법으로 잘 알려져 있고 인도의 전통의학인 아유르베다는 질병을 치료하는 대체의학으로 전 세계인들에게 잘 알려져 있다. 우리나라는 아직도 아유르베다가 무엇인지 대중들에게 늘리 알려져 있질 못하나.

　2009년도에 뉴델리 북쪽 노일다 지역에 있는 마하리쉬 아쉬람에 방문했을 때 마하리쉬 명상의 규율은 몹시 엄했다. 수련기간도 아무 때나 하는 것이 아니라 연간 일정에 따라 각국의 리드들이 모여 수련을 한다고 했다. 아시아, 유럽의 여러 나라들의 각국을 대표하는 사람들과 통하지 않고서는 수련을 받을 수 없다고 하였다.

　수련할 때는 각국의 리드들이 동시에 모인다고 하였다. 해뜰 때와 해질 때의 명상법이 다를뿐더러 음식을 섭취하는 방법들도 시간에 따라 사람의 성격과 특성에 따라 분리된다고 하였다. 마하리쉬 아쉬람 명상 사무실에서 일하는 라즈라는 인도 사람이 자세히 설명해 주었다. 2010년도에 노일다에 있는 아쉬람에 들렸었다.

그곳 안을 들어갈 때도 입구에서 통제가 너무 심해서 많은 시간을 기다려야만 했다. 처음에는 운이 좋게 들어갔었지만 담당자를 만날 수 없어 방문 2번 만에 안까지 들어가는데 성공하였다. 일반인이 들어가는 것은 금기라고 하였다.

인도의 마하리쉬 아쉬람 명상은 인도에서도 유명하다고 한다. 마하리쉬 명상법이 독특하기 때문에 그러한 것이다. 아유르베다는 요가와 척추해부학, 마하리쉬 명상처럼 다양한 프로그램과 더불어 아유르베다 판차까르마와 차크라(기에너지)치유를 모두 포함하고 있다고 하여도 과언이 아니다. 인도의 아유르베다는 인도의 전통의학이지만 인도의 무구한 신비적인 사상과 철학이 담겨져 있는 것이다. 사상과 철학은 종교와 무관하지 않다. 인도의 힌두교는 인도에서 헤아리기 힘든 수많은 종교 중 인도를 대표하는 종교다.

신들의 다양성을 내포하는 사상들이 포함되어 있다. 아유르베다의 산스크리트어가 그것을 말해주고 있다. 산스크리트어는 인도의 사상이나 철학들이 담겨져 있는 인도의 유일한 언어이다.

아유르베다도 산스크리트어다. 아유르베다는 인도의 사상이며 철학이며 삶이며 과학이며 의학인 것이다. 아유르베다는 사람의 성분을 나타내는 마음과 정신과 육체를 어우른다. 트라이앵글 이 세 가지 요소를 균형 있게 이루면 건강이라고 정의한다. 이것 중 어느 하나라도 약해져 균형을 잃을 때는 건강을 잃어버린다고 한다.

　사람은 늘 생각하는 존재다. 살아가는 삶에서 없어서는 안 되는 것이 우리 인간의 본연의 사고인지도 모른다. 마음과 정신이 안정이 될 때 비로소 육체가 완전해 지는 것이라 인도 아유르베다에서 강조하고 있다. 실은 우리들은 언제나 스트레스 속에서 편안함 휴식과 힐링을 추구하고 있다.

　세계 속의 아유르베다도 이제는 우리나라 사람들에게 알려지게 되어 암이 만연하고 스트레스가 가중되어 자신의 존재를 잃어버리는 모든 사람들에게 아유르베다가 힐링의 중추적인 역할을 하여 마음과 정신이 안정을 찾는 데에 기여했으면 한다.

　아유르베다는 남인도 깨랄라에 많이 분포되어 있다. 그중에 코친이라는 곳에 필자는 매년 방문하는 횟수가 많다. 남인도 코친에는 아유르베다 의원들이 있으며 거기서 배를 타고 엔나 쿨럼이라는 도시로 나가보면 유명한 아유르베다 병원들이 여러 개 있다. 남인노는 날씨가 따뜻하여 아유르베나의 약초인 허브가 자라는 환경이 좋아 아유르베다가 많이 발전하게 된 곳이라 한다. 인도의 뉴델리 아유르베다 병원에서도 남인도에서 올라온 허브들을 공급받는 곳이 거의 대부분이라 볼 수 있다.

　코친은 참으로 재미있는 곳이다. 낮 한가한 오후가 되면 오토바이를 탄 인도청년이 저녁에 열릴 '까딱까리'공연을 알리는 홍보물을 여행객들에게 돌리는 일들을 하는 것을 볼 수 있다. 그들은 까딱까리 연극배우들이다.
　까딱가리 공연은 인도의 문화공연 중 대표적인 것이라 할 수 있다. 착한 신과 악마와의 싸움이라는 권선징악의 인도인의 애틋한 삶의 모습을 나타내는 이야기 구조를 가지고 있으며 이 같은 신화는 인도인들의 삶의 철학을 그대로 담아내고 있다.

까딱까리 공연의 가장 큰 특징은 배우들의 요란한 화장에 있다. 공연을 시작하기 전 무희들은 자연염료 물감과 붓을 사용하여 화장하는 모습을 연극이 시작하기 전에 무대 위에서 관객들에게 먼저 보여준다. 염료들을 무대바닥에 놓고 거울 보면서 화장하는 모습은 상당히 흥미로웠다. 알고보니 준비 시간은 공연의 연장이었다.

공연이 끝나면 짙은 화장을 물수건으로 지우는 것을 무대 뒤에서 볼 수 있었다. 의외로 잘 염료가 닦아진다. 자연염료 허브 잎에서 만들어진 것을 알 수 있었다. 인도는 화학성보다는 모든 것을 자연에서 얻는다고 하였다. 약, 생활 일상용품도 모두 자연 하늘, 우주에서 준다고 믿는다.

삶이 철학이고 의학이라는 말이 실감이 난다. 인도인들은 자연의 순리에 따르는 것을 원칙으로 하며 살아가고 있는 것을 보았다. 그것이 생명이고 사람들이 가지고 가는 숙명적인 삶의 뿌리가 아유르베다라는 것을 어슴푸레 가슴속으로 스며 들어옴으로 아유르베다의 소중함을 다시한번 되새기게 되었다.

자연과 땅에서 나는 모든 풀들이 건강과 연관된 모든 것과 관련이 있고 질병을 다스리는 약으로 쓰이는 것처럼 인도의 아유르베다 마찬가지이다. '아유르(Ayur)'는 건강을 나타내고 '베다(Veda)'는 그 방법에 대해 기술하고 있다. 아유르베다 범주내에 차크라와 요가는 마음과 정신이 건강해야 건강한 육체를 가질 수 있는 것이 곧 유구한 인도의 사상과 철학이 담긴 아유르베다의 포괄적인 건강학이라 할 수 있다.

 자연과 땅에서 나는 모든 풀들이 건강과 연관된 모든 것에 관련이 되어있고 모든 허브들이 각 증상에 따라 쓰인다. 모든 것들을 다스리는 아유르베다는 인도의 전통적인 의학이라 불리며 지금도 세계적으로도 기능의학으로 부각되고 있다.

 아유르베다 속에 정신의 문제를 다스리는 차크라 의 영역에서 이번에는 'solar plexus chakra(manipular)'에 대해서 알아보기로 한다.

 매니퓨라는 위와 췌장에 관여하며 소화기관을 다스린다. 매니퓨라차크라는 위, 십이지장, 소장을 통하여 대장의 말단인 항문에 이르기까지 관상과 연결된 장기인 소화기관을 치유한다. 이는 소화관에 여러 가지 액을 분비하는 간이나 췌장까지도 포함된다.

 모든 소화기관을 차크라 5번 솔라프렉스 즉 매니퓨라 차크라가 주관하는 것이나. 차크라 치유는 생생을 연상시키는 절내적으로 필요한 기 에너시이다. 솔라플렉스 차크라의 기능은 감정변화를 조절할 수 있으며 강력한 에너지를 받아 자연 면역력을 높일 수 있으며 마음과 정신의 균형을 잃어 생겨나는 우울증까지도 치유할 수 있다.

 색깔은 노란색을 나타내며 원소는 불(Fire)이며 만트라는 람(Aam)이다. 지난번 위에 상처가 나서 만성적인 위궤양 때문에 음식을 먹을 수 없었던 어느 중년 여성은 차크라 치유를 받고 지금은 아무 문제없이 음식을 잘 먹을 수 있게 됐다. 일반적으로 몸이 아픈 곳에 사람들은 무의식적으로 자기 손을 대는 경우들을 종종 보게 된다.

　이 부인 역시 평소 손이 늘 위가 있는 곳에서 떠날 줄 몰랐는데 차크라 치유를 받은 지금은 그러한 습관이 사라졌다고 한다. 그 만큼 눈에 보이지 않는 차크라의 위력은 대단하다.

　앞으로 손에서 뿜어내는 차크라의 에너지가 많은 증상을 앓는 사람들에게 큰 도움이 될 것으로 생각한다. 항암제 투여 후 1주일 동안은 2차적인 부작용 등으로 암의 증상보다 훨씬 고통스러움을 당하는 것을 볼 수 있다. 머리가 빠지는 것 구토 때문에 식사를 할 수 없는 것 등은 겪어보지 않은 사람은 말로 다할 수가 없다고 한다.

　앞으로 암은 고혈압, 당뇨처럼 약을 먹으면 평생 치유할 수 있는 시절이 온다고 한다. 해마다 암환자들이 20만을 넘어서고 있다는 수치는 과히 놀랄만하다. 대체의학을 믿지 말라고 하지만 부작용이 전혀 없는 차크라도 부정한다면 그것은 양심에 맡길 수밖에 없다.

　우주의 에너지에는 태양, 나무, 땅, 금속, 물 등의 원소들이 있다. 이러한 것에서 에너지가 나온다. 훈련을 하면 원소들의 에너지를 누구나 받아들일 수 있다. 많은 훈련 끝에 자연, 우주의 에너지를 손에 있다. 많은 에너지를 저장하고 있다가 차크라 에너지가 부족한 사람들에게 나눠줄 수 있다. 넘치면 바깥으로 방출하고 모자라면 다시 충전시키고 이러한 것은 자연의 힘이다.
　차크라 능력이 있는 사람들은 환우들의 증상을 치유할 수 있다. 차크라는 빛이다. 병원에서 시행하는 검사중 CT나 MRI, X-ray 모두 강한 빛으로 사람 속을 환히 들어다볼 수 있다. 그러한 것들은 화학적인 성분이 들어가 정상적인 세포들을 죽이기 때문에 사람 몸에 들어 있는 자연 면역력을 현저히 떨어뜨려 병에 대한 저항력이 자연 약해진다.

차크라는 자연의 빛으로 내재된 에너지가 있는 손으로 쏴주면 항암요법이 가지는 부작용처럼 그러한 것이 전혀 없다. 차크라의 빛의 치유를 할수 있는 사람의 능력이 극대하게 가지고 있으면 좋겠지만 작은 차크라를 가진 사람이라도 자주 실시하다보면 증상이 호전된다.

암은 부작용이 너무 심해서 항암요법을 거부하는 사람들도 있다. 하지만 차크라는 자연의 빛이다. 의심하지 말고 두려워말고 차크라를 받아들여야 한다. 먹지도 않고 몸에 대한 적극적인 충격도 없는 차크라를 거부할 이유가 없다. 모든 부정적인 마음을 내려놓아야 병이 낫는다.

병원 외의 치료는 도움을 줄 수가 없다고 하는데 그렇지 않다. 빛의 치유 차크라를 경험해 보길 바란다. 차크라는 부작용이 전혀 없는 빛의 치유이다. 차크라는 신속하다. 차크라가 머무는 곳에 모든 병의 독소들이 없어진다. 경험해보지 않고서는 믿을 수가 없을 것이나.

인도의 아유르베다와 차크라를 꼭 경험해보길 바란다. 희망의 끈을 놓아버려서는 더더욱 절대 안된다. 인생을 살면서 한결같은 평범한 삶을 누구나 원하지만 때로는 급작스런 변화의 소용돌이 속에 당황하거나 혼란스러워하며 우리는 살고 있다.

'사는 것이 왜 이리도 힘드냐?'며 세상을 통재로 원망해보기도 하면서 순간 자신을 포기하고 싶지만 우리는 그래도 버티며 인내하며 눈물겹더라도 스스로 생을 놓아버려서는 안된다. 같이 그 고통을 가족과 이웃과 더불어 안고 나누며 일어나야 한다. 인생을 살면서 사람들 모두의 마음이 늘 평화롭다면 그건 그 모습 뒤안 길에 분명 보이지 않는 가려진 남이 알지 못하는 진실이 숨겨져 있다. 그건 모든 사람들에게 공통적으로 있을 거라 생각한다.

잠시 지난 모든 것을 놓아보자 조용히 눈을 감고 자기 내면의 움직이는 마음과 진동 그리고 내면적인 감각의 소리에 귀기울여보자. 우리 몸에 들어가 고맙게 생명을 이어가는 귀중한 장기들의 소리 위, 간, 십이지장, 신장, 대장, 소장, 방광, 생식기마다 소중한 역할을 하는 요소들의 작용을 하는 소리를 들어보자.

우리는 우리 자신을 어느 누구보다도 귀중하게 생각하여야 한다. 육체, 마음, 정신 이러한 3가지 요소를 생각하고 운동만 한다고 건강해 지는 것이 능사가 아님을 우리는 깨달아야 한다.

아침 햇살이 떠오르기 바로 전의 웅대한 태양을 명상하면서 자세를 가부좌하고 두 손을 무릎위에 가지런히 놓고 마음깊숙이 우러나오는 깊은 복식호흡을 해보자 그러면서 오늘 하루도 살아가야할 에너지를 자연으로부터 호흡을 가다듬으며 받아들여 보길 바란다.

마침내 떠오르는 눈부신 태양을 쳐다보며 다시 두 손을 맞잡고 그 기운의 힘찬 생동감의 에너지 내면의 호흡과 함께 내 마음에 고스란히 담아보자. 평소와는 다르게 강렬한 빛이 당신 안의 곳곳을 치유할 것이라 믿는다.

그러한 과정 뒤에 오는 소중한 깨달음은 다시 희망을 품는 소중한 치유의 시간이 되기도 한다. 차크라 치유로 귀중한 시간의 인연을 갖게 되는 사람들은 다시 생명을 얻는 소중하고 값진 제 2의 인생을 맞이하는 기쁨을 만끽하게 될 것이라 굳게 믿는다.

암이라는 고통의 흔들림 속에서 절규가 적당한 소리로 작아지며 희망으로 바뀔 것이며 암을 이겨내려는 당시에게 치유라는 은혜의 감사가 다가 올 것이라 믿는다.

인도의 아유르베다와 차크라 만남을 갖는 당신은 암이라는 질병을 물리칠 것이며 새로운 삶을 분명 가지게 될 것이라 확신한다. 모두에게 치유라는 선물을 안겨 하늘 우주로 부터 축복을 받을 것이라 생각한다.

10
아유르베다와 차크라로 허리통증 치유

아유르베다 센터에 어느 누구가 들어선다. 허리디스크를 일으키는 요추 3번과 4번 사이에 있는 디스크가 거의 닳아져 없는 상태라 하였다.

그래서 그곳에 작은 통증이 항상 있다고 하였다. 아유르베다 상담을 하면서 아유르베다 판차까르마를 하면 아주 얇아진 디스크가 어느 정도 회복 될 수 있다고 상담하여 주었다.

그 사람의 손목의 맥박을 잡아보니 바타와 카파가 무너져 있었다. 혈이 잡히지 않았다. 한의학상으로 음양오행으로도 같은 문제를 드러냈다. 혈을 저장하는 간이 면역기관이 현저히 떨어져 있었다. 혈을 만들어내는 골수 또한 저하되어 있었다. 뼈가 약하여 기관지 또한 정상적이지 못했다.

우선 전신에 있는 혈을 조화롭게 균형을 맞추어 혈이 정상적으로 흘러가게 하는 것이 무엇보다 중요했다. 아유르베다가 무엇인지 모른다고만 반복할 때 현재 치유할 수 있는 단계가 아닌 것 같았다.

질병을 다스리기 전에 마음부터 먼저 다스리는 것이 훨씬 치유가 빠르다. 움직이지 않은 강한 마음 즉 받아드리려고 하지 않는 불신의 마음을 가지고 서야 아유르베다 판차까르마로 치유한들 무슨 효과가 있을까 싶다.

베다 가운데 가장 오래된 리그베다에서는 아유르베다 개념들을 이미 포함하고 있다. 인드라, 아그니, 소마 등 리그 베다의 위대한 세 가지 신들 혹은 우주적 힘들은 바타(Vata, 공기), 피타(Pitta, 불), 카파(Kapha, 물)등 아유르베다의 세가지 도샤 즉 생물학적 기질들과 연관이 있다.

인드라는 공기, 대기의 신이며 생명의 힘인 프라나이다. 아그니는 불의 신이며 모든 것을 소비하거나 먹는 태양이다. 소마는 달로 상징하는 내적 생명수로서 음식과 몸을 나타낸다.

소마도 몸과 마음의 질병을 치료하고 수명과 회춘을 돕는 데 사용되는 특별한 약초조제와 관련된다. 이러한 베다 소마들은 여러 가지 다양한 허브들 특히 고산 지대에서 채취한 허브들의 즙을 내어 우유, 버터기름(Ghee), 요쿠르트, 설탕, 꿀, 보리 등 금과 함께 혼합되거나 조리하여 조제한 것들이었다.

이와 같은 방법은 치유뿐만 아니라 의식을 향상시키는 데도 사용되었다. 세월이 흐르면서 이런 베다 소마들을 조제하는 정확한 방법들은 잊혀졌지만 아유르베다는 특별한 허브들을 보존해 왔다.

아유르베다의 의식은 특히 우리에게 건강과 장수를 주는 것을 목표로 한다. 이런 베다 의식들을 적절히 행하는 사람들은 백년 혹은 그 이상 행복한 삶을 살 수 있다고 한다.

사람들은 질병에 시달리면서도 에고(ego)가 너무 강함을 볼 수 있다. 아유르베다를 이해하고 아유르베다 자연치유를 원하는 사람도 못해주는데 부정적인 마음만 가지고 있는 사람들에게는 선택권을 주지 않으려고 한다.

스케줄 낭비이기 때문이다. 그렇다고 미안한 마음도 가질려고 하질 않는다. 괜한 스트레스가 쌓이기 때문이다. 때로는 치유자는 거절할 때도 있다는 것을 알아야만 한다.

자신의 에고는 절대적으로 가지면서 통증치유를 기대한다는 것은 아닌 것이다. 결국 본인들도 통증이 나아진다고 바라지도 않을 것이다. 왜냐면 전혀 아유르베다에 대한 믿음도 없기 때문이다.

만약에 혈이 돌아 통증이 점점 사라진다고 하여도 그것조차 부정할 것이기 때문이다.

아유르베다 판차까르마도 중요하지만 때로는 어려운 질병을 다루는데 마음적인 의식이 더 중요하다. 늘 아유르베다가 당신들 곁에서 대기하고 있지 않다는 것을 명심해야 할 것이다. 정말로 이 손으로 통증이 치유될 수 있다면 치유 받지 않을 사람이 없을 것이다. 치유자를 얼마나 신뢰하느냐에 달려있다. 당신들의 의식이 결정할 것이다.

2부

모든 질병 차크라 치유

01
우리 몸의 한정된 에너지로
7가지 차크라를 운행할 수 있는가

학생이 질문을 했다. "개인의 몸 안에 있는 에너지로 7가지 차크라를 운행할 수 있는가요?"하고 물었다. 그것은 아니다. 왜냐면 현재 자신의 몸 상태는 완전하지 못하기 때문이다. 개인 마다 체질이 모두 불균형이다. 그러면 질병의 증후가 반드시 있기 마련이다.

이럴 때 우리는 음식을 통하여 부족한 영양소를 보충하는 것처럼 우리 몸 에너지가 부족할 때도 우리는 몸 외부 자연으로부터 에너지를 받아 고갈된 곳에 에너지를 채운다. 우리 몸 주위에는 7가지 오로라가 있다. 오로라에는 각각의 색깔이 있다. 마찬가지로 7가지의 차크라에도 색깔이 모두 다르게 포함되어 있다. 오로라와 차크라는 의미가 거의 비슷하다고 할 수 있다.

차크라 명상 학교 강의는 이제 중반 반환점을 돌았다. 이제야 차크라 명상이 자연치유라는 것을 학생들은 깨닫기 시작했다. 우리 몸에 기가 들어오는 형성과정이 5단계를 거쳐야 한다.

처음 첫단계는 absolute level(완전한 단계)이다. 이단계는 진동이 전혀 없는 상태를 말한다. 두 번째 단계 Greaten level(창조적단계)에서는 그 어떤 에너지가 들어온 단계다. 세 번째 단계 casual level(원인적 단계)에서는 영혼(Soul), 마음(mind), 정신(Spirit) 인과 관계의 단계다.

네번째 단계 비현실적(Astral level)단계에서는 약간의 진동이 시작되는 단계다. 5가지 감각기관(코: 냄새, 입: 맛, 눈: 보다, 귀: 듣다, 마음)이 속한다.
마지막으로 5단계인 육체적 단계(Physical level)에서는 눈으로 보여주는 확실한 진동을 느낄 수 있다. 5 단계로 진입할수록 힘은 점점 떨어지나 에너지는 점점 증폭된다.

02
자연치유 지금 변화의 바람은 차크라

공기 감염, 분비물 감염은 면역력이 약해진 사람들에게 나타난다. 개인마다 가지고 있는 면역력은 증상이 났을 때에 이겨내는 힘을 말한다. 면역력이 약한 사람들은 감염이 있을 때에 방어능력이 현저히 무너지기 쉽다.

면역력을 증강시키려면 자연치유중 어떤 방법이 있을까 면역력 저하는 왜 이루어질까 쉽게 피곤해 한다든지 잠이 오지 않아 불면증이 있을 때의 증상 등은 모두 면역력이 현저히 저하되어 있다는 것을 의미한다.

몸속에 혈액순환이 불균형이면 면역력은 저하된다. 곧 기가 빠진다는 말이다. 기를 높이는 방법중 차크라가 있다. 차크라(Chakra)는 산스크리트어로 바퀴라는 뜻이다. 바퀴가 높은 데서 굴러 떨어질 때는 그 힘의 파괴력은 엄청나다. 그 만큼 차크라의 힘의 위력을 나타내는 의미이다.

중국에는 기 한국에는 태극권 일본에는 사아츄 인도에는 레이키, 차크라가 있다. 차크라는 요가 쿤달리니 에너지에도 작용한다. 차크라 기 에너지를 훈련하면 누구나 면역력이 증강된다.

03
차크라 명상(Chakra Meditation)

명상은 의식, 조화, 자연 질서를 삶에 가져다준다.
명상은 삶을 행복하고 평화롭고 창조적으로 만들기 위해 지성을 깨운다.

명상 중에 요즘 차크라 명상(Chakra Meditation)이 대세다. 차크라는 바퀴라는 뜻으로 우리 몸 안에 있는 쿤달리니 에너지를 증강시켜 몸 안의 깨어진 균형을 찾아가는 데에 그 역활을 한다. 7가지 차크라는 우리 몸 안에 있는 7가지 다튜스(dathus)에 그 에너지가 작용한다. 7가지 다튜스는 우리 몸의 7가지 작용을 말한다. 즉 혈, 혈장, 근육조직, 재생조직, 뼈조직, 지방조직, 신경조식에 차크라 명상으로 얻은 에너시로 자신 스스로의 면역력을 깆게 하는 데에 큰 기폭제 같은 역할을 한다.

눈에 보이지 않는 차크라의 힘은 총알이 지나간 자리의 파괴력처럼 그 에너지의 구심력 위력은 대단하다. 차크라 에너지는 과연 어떻게 우리 몸에 형성 되는가? 이것을 5단계로 나눈다.

1) Absolution Level: 진동이 전혀 없는 상태
2) Greaten level: 약간의 에너지가 생기는 상태

3) Causal level: 영혼에 에너지가 미치는 상태

4) Astral level: 눈으로 진동을 보는 상태

5) physical level: 몸에 더 많은 진동이 오는 것을 느끼는 상태

이러한 것들은 훈련을 통해서만 차크라 에너지를 증강시킬 수 있다. 기(Energy)는 진동(Vibration)의 움직임이 가장 중요하다. 이는 마스터를 통해서만 훈련이 가능하다.

차크라 실행 전 마음 원칙 5가지가 있다.

1) Just for today, I will not be angry(화내지 않고)

2) Just for today, I will not worry(걱정하지 않고)

3) Just for today, I will do my work honestly(정직하게 일하고)

4) Just for today, I will be kind to my neighbour(이웃에 친절하고) and every living thing

5) Just for today, I will give thanks for my many blessings(많은 신들에게 감사하고)

차크라 명상을 함으로써 균형을 잃은 마음과 정신과 육체의 3가지 균형을 이루게 되면 건강을 찾는 데에 많은 도움이 된다. 차크라 명상을 스스로의 균형을 찾아 자가 치유(self-care)를 할 수 있을 뿐만 아니라 다른 사람에게 치유를 해 줄 수도 있다.

04
차크라 그리고 아유르베다

　아유르베다를 모르고 저 세상으로 가는 대중의 사랑을 많이 받았던 사람들의 이름을 메스콤을 통해 들을 때마다 아쉬움이 교차한다. '살아생전에 좀 더 자연치유에 대한 정보를 찾는 노력을 했었더라면.'하고 생각해 본다.

　아픈 사람의 입장에서 보면 아유르베다라는 것에 대한 것을 전혀 들어본 적도 없고 또한 생사의 갈림길에서 치료받던 현대의학을 거부할 수 없었을 것이고 자연치유의 중요함을 강조하는 의사를 만나는 것도 더더욱 쉽지 않았을 것이다.

　아유르베다는 일명 'Ajanda treatment'라고도 불린다. 이뜻의 의미는 In과 Out의 기능을 원활하게 하여 소통시켜 치유한다는 의미이다. 암은 지금도 두려운 존재다. 현대문명이 발달하면 할수록 매년 암환자 증가는 해마다 더 늘어나는 추세라 한다.

　암을 치유하기 위해 너도나도 할 것 없이 머리를 맞대고 좋은 방법이 있다면 최선을 다하여 치유해야 할 것이다. 현대의학과 자연치유가 통합하여 환자의 고통을 덜어주며 증상을 치유하는 것을 결코 외면하지 않아야 할 것이다.

이제 암은 남의 문제가 아니라 바로 우리가족의 문제인 것이다. 그만큼 암이 만연해 있는 현실이다. 아유르베다는 암도 일종의 혈의 문제라 생각한다. 굳어진 것은 풀어서 녹아버리게 하는 것이 바로 아유르베다의 최대 장점이다.

지금 아유르베다로 병을 치유하는데 보완대체치유로 중요한 역할을 할 수 있다한들 누가 믿을 것인가 정말로 안타까운 심정이다.
무서운 암 덩어리도 '아유르베다'로 단단한 독소 덩어리를 잘게 부수어 혈행 속으로 흘러내리게 할 수 있다면 암도 결코 정복되지 않을 수 없는 것이다.

아유르베다의 가장 큰 장점은 항암처럼 부작용이 전혀 없다는 것이다. 온전히 자연에서 나오는 나뭇잎과 줄기, 뿌리로 사용하기 때문에 몸과 하나 되어 부작용이 전혀 나타나지 않는 것이다. 이러한 치유를 어떻게 알지 못하는지 한탄스러울 뿐이다.

사람들은 아유르베다를 외쳐도 들으려고 하지 않는다. 그만큼 우리의 관심은 굉장히 보수적이다. 발전하는 현대사회인 만큼 병을 치유하는 방법도 많다. 현대의학도 한계가 있다. 대체의학과 통합해야 한다. 아유르베다는 인도의 전통의학이며 세계적인 기능의학이다.

인도의 아유르베다는 고대 역사처럼 오랜 세월동안 이어져 왔다. 고대 베다사상에서 문학, 예술, 철학, 의학, 삶 속에 아유르베다가 나온 것이다. 우리는 우물 안 개구리라 하지 않을 수 없다. 인도는 이제 중국다음으로 부각되는 세계인이 주시하는 아주 큰 대륙이다. 앞으로 주목할 만한 아주 막강한 힘을 가지고 있는 나라이다.

우주에 로켓트를 발사한 것도 우리나라보다 먼저다. 관광문화도 우리보다 10년은 앞서있다. 인도의 오래된 베다철학의 아유르베다는 우리가 받아들여야 할 중요한 자연치유이다.

아유르베다에 쓰이는 약초는 한 1000가지 정도가 되지만 지금은 압축하여 300여 가지에 이른다. 나뭇잎과 줄기는 물기가 많아 건강음료를 만들고 허브씨앗은 약초오일로 만들어진다. 허브 뿌리는 약으로 만들어 제약회사에서 정제된 캡슐을 만들어낸다. 열매는 다이어트 식품으로도 사용한다. 특수한 공정으로 만들어진 허브 오일은 피부모공을 침투하여 몸 안에 있는 독소를 몸 바깥으로 빠져나오게 한다.

모든 병의 원인은 독소이다. 이를 제거한다면 질병은 완치될 수 있는 것이다. 사람에게는 명예와 부, 건강 모두 중요하다. 건강이 없는 명예와 부는 아무짝에도 쓸모가 없는 것이다. 건강 잃고 외양간 고치는 우리네 속담에서도 읽을 수 있다. 우리에게 주어진 귀중한 삶은 각자 스스로의 몫이다.

어느 한 순간도 생명을 놓질 수 없는 것이다. 현대의학과 한의학과 더불어 아유르베다는 3대 요소로 들어가 건강을 지키는데 앞으로 많은 역할을 할 수 있게 기대된다.

옛날에는 고치지 못하는 병을 잘 고치는 명의를 첫째라 하고 병이 있는 걸 고치는 사람이 둘째, 병이 나기 전 조짐을 알고 말해서 미리 병을 예방하는 '상의'가 셋째이다. 요즈음 와서는 상의를 첫째로 여기는 세상이 되었다.

예방의학은 그래서 상당히 중요한 시대이다. 사람들에게 나타나는 상의적인 증상을 미리 알려줘도 본인들에게는 아무 병도 없다고 자신 있게 우기기만 한다. 이미 병의 증상이 진행되고 있는 것을 보면 상의의 요법을 받을 수 없다는 것을 알지 못하는 것은 안타까운 일이다.

많은 지식인들은 알고 있다. 각 대학이 건강과 연계된 교육원 교수들 중에는 미라 이러한 가치를 아는 사람들도 많이 있다.

개미들이 지진이 일어나기 전에 먼저 알고 삶의 터전을 대이동하는 것처럼 하지만 굳이 말을 하지 못하는 것은 예를 들어 아유르베다의 특이한 전문가적인 가치를 설명할 수 없기 때문이 아닐까도 생각해본다.

아유르베다가 보다 많은 곳에 강의를 하여 사람들에게 올바른 건강강의 법을 전수해주어 고통을 앓고 있는 질병을 가진 사람들에게 도움이 되길 바란다. 삶 속에서 갈 길을 방황하는 사람들에게 또는 스트레스로 인하여 사회에 적응하기 쉽지 않은 사람들에게, 희망을 잃어버려 삶을 포기하고 싶은 사람들 등의 어려운 사람들에게 아유르베다가 조화를 잃어버린 마음과 영혼과 정신과 육체를 살리는 데에 많은 역할을 기대할 수 있길 바란다.

사람을 살리는 일은 하늘이 준다고 한다. 아무리 공부를 많이 한다고 되는 것은 아닐 듯하다. 이왕 아유르베다 전문가라면 많은 역할을 할 수 있는 제자 양성이 무엇보다 시급하다 할 것이다. 나중에 이러한 취지를 알고 서로서로 힘을 모으는 시기가 온다면 학교를 세우는 일도 가능하리라 생각한다.

앞으로 아유르베다가 우리나라 건강증진에도 분명히 큰 역할을 할 것이라 미리 짐작해본다. 인도 아유르베다와 차크라는 병을 치유하기 전에 먼저 마음을 다스린다. 스트레스의 원인을 찾아보고 그것을 먼저 치유하고 육체적인 질병의 원인을 찾는 것에 접근한다.

  부작용이 없는 자연의학이 우리가 생각하지 못한 사람다운 치유법이라 하지 않을 수 없다. 명상(meditation), 요가(Joga), 차크라(chakra)등으로 마음과 정신을 바르게 치유하고 난 뒤에 병든 육체에 접근한다. 동양의학도 마찬가지라 하지만, 영혼과 마음을 다스리는 체계를 갖춘 나라는 인도일 것이다.

  우리나라는 모든 것이 거의 산으로 이루어져 있다. 그래서 그런지 한국 사람들은 기가 세다. 한국 사람들의 손끝은 아주 맵다. 한국 사람들의 손에서 나오는 기의 에너지가 어느 나라 사람 못지않게 탁월한 힘을 발휘한다.
  이러한 것들을 잘 훈련한다면 사람을 살리는 차크라 에너지 능력을 가지는 치유사가 많이 양성될 것이라 믿는다. 우리 몸은 자연이다. 병이 났을 때는 병원에 가야 하겠지만 보통 일상적으로 삶속에서 매일 같이 차크라 훈련을 한다면 병이 생기는 것도 예방할 수 있을 것이다. 우리 몸도 스스로 정화적인 작용을 한다. 몸 안의 있는 독소를 몸 바깥으로 내밀어 내는 차크라 훈련을 운동처럼 한다면 예방의학에 한차원 다가갈 수 있는 거름이 될 것이다.

  나뭇잎이 탄소동화작용을 하는 것처럼 마음과 몸을 정화시켜 숲속에서 차크라(chakra) 훈련을 한다면 몸과 마음과 정신이 건강해지고 장수 할 수 있다는 생각이 든다.

  아유르베다가 다른 강의와 함께 병행한다면 질병퇴치에도 많은 도움이 되리라 생각이 들었다. 인도 요가가 처음에 우리나라에 들어 왔을 때에는 온 국민이 생소했겠지만 세월이 흐르면서 자연 국민 운동법으로 자리 잡을 수 있었다.

인도의 아유르베다가 이처럼 시간이 지나면서 우리 모두의 마음속에 자리매김 할 날이 있을 거라 믿는다. 건강한 사회는 건강한 마음과 정신 그리고 육체 세가지 균형으로 형성된다.

05
차크라로 건강을 지키게 된다

대중적인 것은 많은 사람들이 선호하고 이용하는 장점이 있다. 허나 아주 드문 좋은 치유방법이 있다면 검증 받는 데에도 많은 시간들이 소모된다. 그것이 음식이든 약이든 간에 좋은 것이 분명하게 입증될 때에만 사용 가능하다.

하지만, 기 에너지 치유 차크라는 예외인 것 같다. 왜냐면 우주적인 에너지는 자연이기 때문이다. 차크라는 자연 우주 안에 있는 에너지 원소로만 되어 있는 에너지를 사용한다. 그러기 때문에 부작용이 전혀 없다. 원소는 에테르, 공기, 물, 흙, 돌 등이다. 5대 원소는 자연이나 사람에게 꼭 필요한 요소들이다.

사람들에게 나타나는 질병에는 화학적인 것의 요소들이 많이 포함되어 있다. 일명 이것을 독소라 일컫는다. 화학적인 것은 몸 안에 존재해서는 좋을 게 하나도 없다. 되도록 외부로 빼내주는 방법이 있다면 제일 좋다.

음식을 잘못 먹어서 설사가 생긴다면 그것은 자연 현상이라 할 수 있다. 나쁜 것이 아니다. 소화하기 어려운 나쁜 물질들은 그렇게 배출하는 것이 좋다. 우리는 좋은 것이든 나쁜 것이든 잘 분간하지 못한다. 당장 나쁜 증상이 나타나지 않으면 그냥 지나간다. 하지만 그것이 쌓이고 쌓여서 종양이나 암으로 나타난다면 그전의 이유가 쌓여서 그런지를 깨닫게 되는 경우들을 흔히 본다.

몸 안의 독소를 제거 방법 중 차크라 에너지의 예를 들어본다. 차크라는 기 에너지이다. 강한 진동으로 몸 안을 헤집어 다니며 에너지의 영향을 미친다. 나쁜 독소가 있는 부위가 있다면 나선형으로 에너지가 돌아서 독소를 몸 바깥으로 나가게 도와준다. 이러한 차크라의 힘은 우리 모두가 진정 바라는 자연 치유 에너지라 할 수 있다.

사람들의 인식이 문제다. 차크라를 알지 못하는 데 어떤 것이 진정 바른 것인지 생각할 수 없다. 이를 알려면 차크라의 원리를 이해하려고 노력하는 것이 무엇보다 중요하다. 5가지 원소를 자신의 에너지를 만들어 사용할 수 있다면 차크라 에너지로 스스로 치유할 수 있는 힘이 생기게 된다. 더불어 타인도 불균형한 에너지를 가지고 있다면 정상으로 돌릴 수 있게 된다.

세상에 이런 차크라 에너지를 자신이 보유할 수 있다면 모두들 금상첨화라 하지 않을 수 없을 것이다. 모든 삶은 생존하는 것에 그 가치가 있다. 차크라는 살아있는 힘이다. 차크라 명상 교육을 통하여 자신의 삶에 활력을 불어 넣을 수 있다.

06
자신의 체질을 알아야 병을 예방할 수 있다

　자신의 건강은 개인의 체질에 의하여 결정된다. 100의 1%에 해당되는 것이 결코 남의 얘기가 아니다. 1%가 나일 수 있다는 것이다. 어떤 약이든 부작용 없는 것이 없다. 또한 내 체질이 특이 체질이 아니란 법은 없다.

　어떤 약의 부작용으로 인하여 나에게만 일어나는 일이 있을 수 있고 어떤 주사를 맞아서 남은 괜찮은 데 내가 잘못 될 수도 있다. 이러한 모든 부작용에 대한 위험도 결국은 자신의 체질에 따라 결정된다는 것이다.

　체질은 개인의 성격에 따라서도 결정되어 진다. 체질을 결정하는 데에는 5가지 원소가 있다. 에테르, 공기, 불, 물, 흙의 요소 중에 에테르와 공기는 바타체질을 나타내고 불과 물은 피타 체질을 나타내고 물과 흙은 카파체질을 나타낸다.

　바타체질은 간단히 설명하면 체격이 날씬하고 피타 체질은 둥근형이며 중간체형이다. 카파체형은 비만체형이며 뼈대가 굵은 형이라 할 수 있다. 체질마다 각기 다른 특성이 존재한다. 바타는 성격이 급하고 신경질적이라 할 수 있다. 피타체형은 열정적인 성격의 소유자라 할 수 있다. 카파체형은 남성적인 기질이라 할 수 있겠다.

이러한 여러 면모들이 개인의 체질을 결정하는데 중요한 요소가 된다. 삶을 살아가는 데에 있어서 체질은 여러 가지로 건강에 기준 척도로 나타난다. 자신에게 나타나는 정상적인지 못한 증상은 스스로 잘 아는 경우들이 많다. 원인을 알아 차단하는 것이 건강을 유지하는 데에 비결이라 할 수 있다. 지나친 감정의 곡선을 기지는 것은 지극히 위험하다. 옛날 어른들이 마음이 편해야 병도 이겨낼 수 있다는 말이 결코 빈말이 아니다.

개인 스스로 전조증상을 미리 알고 병을 예방하는 것은 쉽지 않다. 그래서 우리는 명상을 통하여 스스로의 약해진 면역체계를 증강시키는 노력이 무엇보다 중요하다. 차크라(Chakra)는 바퀴라는 뜻이다. 바퀴처럼 구심력이 강하다는 뜻이다. 차크라는 즉 기에너지이다. 명상을 통하여 7가지 차크라 부위의 몸의 7가지 조직의 혈액순환을 증폭시키는 과정이 차크라 명상인 것이다. 자신의 면역력을 증강시키는 것은 곧 자신의 체질을 긍정적인 에너지로 바꾸는 과정이 된다.

자신의 건강은 차크라 명상을 통하여 지킬 수 된다.

07
차크라 명상 레이키 심볼 에너지

파워(power) 심볼 쵸코레이(CHO KU REI)를 전원 기호라 일컫는다. 다시 말하면 전기를 켤 때 스위치를 ON 에 올리는 거와 같다.

권력 공생 쵸코레이(CHO KU REI)는 레이키의 힘을 증가시키는데 사용되었다. 신체 주위의 공간을 밀폐하고 치유 에너지가 새어나가지 않도록 하는 데 사용될 수 있다.

이것은 심리학적으로 볼 수 있으며 때로는 의뢰인을 둘러싸고 있는 금빛의 구(區)로 백색광선(白色光)이나 다른 때에는 백색광선(白色光)의 상자로 나타나기도 한다.

레이키 쵸코레이 심볼은 빛의 에너지 치유라 할 수 있다. 빛은 무한하고 깊고 광범위의 전폭적인 치유에너지를 뜻한다. 자연의 빛이라 할 수 있다. 또한 차크라 레이키 에너지 치유는 부작용이 전혀 없다.

질병 치유할 때 언제든지 사용할 수 있다. 치유 에너지에서 초기에 힘을 증가시키고 봉인 끝부분에 사용하면 특히 효과적이다.

08
만트라 차크라 명상

기도를 할 때 주문을 외운다. CHO KU REI(쵸쿠레이), SEI HEI KI(세헤이키), HON SHA ZE SHO NEN(혼사제쑈넨) 등 소리내며 말할 때 치유력이 강한 힘이 나타난다. 소리는 신들을 설득하는 소리라 한다. 소리는 만트라(mantra)이며 강한 에너지를 품어낸다.

특정한 소리를 반복해서 계속하면 그 소리와 감응하는 신들의 세계가 있고 신들의 세계에서 그 사람에게 신통한 치유의 힘을 준다. 정신세계와 접속하는 가장 효율적인 방법은 소리였고 그 소리는 주문이란 형태로 패턴화 되었다. 따라서 주문은 가장 강력한 영적인 쾌거를 얻을 수 있는 방법으로 간주되었다.

티베트이나 다람살라 인도 북부 티벳의 지도자 달라이나마가 있는 절 가까이 가보면 저 멀리서 '옴마니 밭메훔'이라는 기도소리가 다람살라 산 메아리를 울린다. 다람살라 절 주위에는 히말라야 설산이 보인다. 산을 통하여 울리는 메아리는 감동을 자아낸다.

'옴마니 밭메훔'이라는 소리는 신들과 접촉하는 소리이다. 사람들과 신들과의 교류는 기도 주문에서 이루어진다. 다람살라는 인도 북부에 있는 지역이다. 이렇게 하늘과 산과 땅이 모두 한군데로 이어지는 것은 신들을 부르는 인간의 기도의 힘이라 할 수 있겠다.

명상은 인간과 신들의 접함점이라 할 수 있다. 차크라의 에너지는 구심력을 가졌다. 바퀴라는 뜻의 차크라의 힘은 파괴적이라 할 만큼 강한 힘을 가지고 있다. 만트라 소리까지 합해진다면 아주 짧은 시간 내에 강한 치유 에너지를 표출할 수 있다.

09

차크라 명상 오로라 빛 단계로 들어가다

차크라 명상으로 인하여 내 안에 내재된 부정적인 에너지를 긍정적으로 바꿀 수 있다. 내 안에 부정적인 에너지는 남을 믿지 못하는 불신부터 시작하여 스트레스 안에 놓이게 되었을 때에 생긴다.

질병이 걸려 건강하지 못할 때에도 역시 그러하다. 우리 몸은 스스로 치유할 수 있다. 요즈음 암이 잘 걸린다. 치유요법으로는 항암이 대세다. 깊은 질환에 걸렸을 때 사람들 대부분 절망한다. 본인들이 아니면 그 어떠한 말도 위로가 안된다.

모든 병은 혈액순환이 문제가 되어 발생한다. 그 부위에 혈액 공급이 되지 않는다. 차크라 명상으로 에너지를 모은다면 자신의 부정적인 마음을 바꿀 수 있으며 잃어버린 건강마저 찾을 수 있을 것이다. 차크라(Chakra)의 뜻은 바퀴라는 뜻이다. 총알처럼 그 파괴력은 엄청나게 크다. 눈에 보이지 않는 위력 그것이 바로 차크라 명상이다. 차크라의 에너지는 우리 몸에서 나디(혈액)에 관여한다.

그것은 곧 차크라 명상 에너지를 모으면 혈액순환이 된다.

미래의 치유는 빛의 치유라 한다.

자연치유에 빛의 치유가 있다. 그것이 바로 오로라의 치유이다. 사람들의 몸 주위를 둘러싸는 오로라 층이 있다. 보이지 않을지라도 느낌이 있다. 그러나 부정적인 에너지로 가득찬 사람은 있어도 느끼지 못한다. 오로라에는 7가지 층이 있다. 바로 무지개빛의 색깔들이 바로 그것이다. 빨주노초파남보 빨강색, 주황색, 노랑색, 초록색, 파란색, 남색, 보라색을 말한다.

눈을 감고 조용히 그 안의 내면을 보기 시작하면 하얀 빛깔에서 벗어나 보라색깔의 오묘한 빛의 차크라 향연으로 들어갈 수 있다. 눈을 감으면 보이지 않는 것이 아니라 세상에서 보이는 상이 아니라 눈을 감고 그 안에 다시 내면의 세계를 들여다보면 오로라의 빛 색깔이 아름답게 눈에 들어오기 시작한다.

차크라 에너지는 고정된 것이 아니다. 그래서 보라색 빛이라면 그것이 바람처럼 다가오기도 하고 수채화처럼 맑게 순수하게 단색으로 퍼져나가기도 하고 태풍의 눈처럼 갑자기 불어오기도 한다. 그것은 모두 눈을 감음으로써 내면의 색깔의 향연의 세계를 볼 수 있다.

오로라는 층이 7가지로 나타난다. 몸 안에 에너지가 느껴지는 아스트랄(Astral) 단계에 진입하면 빛을 볼 수 있다. 그러면 몸 안에 있는 부정적인 에너지가 긍정의 에너지로 바뀐다. 다시 말하면 질병이 사라지기도 한다. 훈련으로 인해 얻은 차크라의 7가지 빛은 한번 발생하면 없어지지 않는다.

그러나 절제되지 않은 행동을 하게 되면 그 빛을 잃어버리게 되는 경우가 허다하다. 오로라 빛 우리 몸 육체의 주위를 감싸고 있다. 잘못된 생각과 습관으로 오로라 빛을 잃어버렸을 때 우리의 삶은 모두 부정적으로 돌아간다. 이것을 긍정적인 삶으로 돌아가려면 빛을 발생시켜야 한다.

그 오로라 빛은 차크라 명상이라는 훈련을 통해서 우리 몸에 축적할 수 있다.

10
차크라 7개의 빛

차크라는 7가지의 기능으로 되어 있다. 이것을 어떻게 활용하는 지는 잘 알려지지 않고 있다. 많은 사람들의 의문이기도 하다. 이론은 알겠는데 이것을 과연 어떻게 사용할 수 있는지 그것이 궁금할 것이다.

모든 것에는 준비하는 과정이 분명히 있다. 준비를 하면서 배우는 과정 또한 중요하다. 한 장씩 종이를 넘기다 보면 이해를 하게 되고 또한 방법을 배우게 된다. 궁금증은 증폭되지만 첫 번에 핵심을 알려준다고 해도 차크라 기가 형성되지 않는다.

마음의 수련이 먼저 되지 않으면 이론에서만 그칠 뿐이다.

차크라의 에너지는 빛이다. 빛에는 7가지 색깔이 있다. 그 색깔마다 작용하는 것이 다르다. 이 빛 또한 어떻게 자신의 몸에서 증폭 시킬 것인가 하는 방법들을 차크라 마스터로부터 배우게 된다.

모든 것에는 원칙이 있지만 차크라 에너지를 가지기 위해서는 이를 가르치는 마스터에게 먼저 감사하는 마음부터 가져야 한다. 차크라의 에너지를 스스로 가지기 위해서는 근본적인 마음과 정신적인 자세가 선행되어야 한다.

급한 마음을 가지고서는 차크라 수련을 할 수 없다. 차크라 수업을 하게 되면 육체적인 것과 마음과 정신적인 조화의 균형을 먼저 찾아가는 것이 중요하다.

3부

차크라의 빛
치유에너지

01

차크라 원리

'차크라(Chakra)'는 물질적 혹은 정신의학적 견지에서 정확하게 규명될 수 없는 인간 정신의 중심부이다. 그림이 직선과 곡선 혹은 명암만을 가지고 완전하게 설명될 수 없듯이 형태와 구조상에서는 가능할 수도 있겠지만 차크라도 생리적, 정신의학적, 또는 어떤 과학적 형태로도 설명되어 질 수 없다.

차크라란 '수크시마 프라나(Sukshma prana: 미세한 프라나)'라고 하는 미세한 생명력이 활동하는 중심부이다. 차크라는 교감신경계, 부교감신경계 및 자율신경계와도 상호 관계를 맺고 있으며 우리의 온몸 구석구석과 긴밀히 연결을 맺고 있다.

차크라는 산스크리트어로 바퀴 또는 원형의 의미를 지니고 있다. 우리 몸의 모든 것은 둥근 형상이며 지속적으로 움직이고 있기 때문에 이 운동의 중심센터들을 가리켜 '차크라'라고 부른다.

내안의 에너지를 증가시키는 방법은 오로지 수련에 의해 이루어진다. 마스터로 부터 전수 받아야 그 다음 수련이 가능하다.

02
차크라 명상으로 면역력 증가

차크라는 기 에너지이다. 차크라는 바퀴라는 뜻이다. 그만큼 구심력이 커서 미치는 힘은 파괴력이라 할 만큼 말 할 수 없을 만큼 매우 크다. 기 에너지는 자연이다. 자연은 우주를 말하고 사람을 뜻하기도 한다.

자연에는 5가지 원소가 있다. 에테르, 공기, 불, 물, 흙이다. 자연에는 햇빛과 구름과 비와 산과 들 뿐만 아니라 골짜기 계곡의 돌 등 여러 가지 부분들이 있다. 이러한 것은 모두 자연의 요소에 속한다.

사람에게는 혈, 혈장, 근육조직, 시방조식, 뼈 조식, 신경조식, 재생조직 등 7가지 조직이 있다. 이것을 아유르베다에서는 다튜스(dhatus)의 순환이라고 한다. 이와 마찬가지로 차크라에서도 우리 몸 7가지 조직에도 차크라 영향이 똑같이 작용한다.

차크라는 7개의 종류가 있다. 사람 머리에서 생식기까지 이르는 선에 모두 부분마다 7개의 차크라가 등장한다. 이러한 나디 즉 신경통로가 열리며 에너지원이 생긴다. 면역력 또한 증강한다.

기 에너지 차크라 명상과정은 명상을 통하여 기의 흐름을 인지하고 발전시켜 자신에게 뿐만 아니라 다른 사람에게도 혈액순환이 증강할 수 있도록 7가지 차크라 에너지의 기능을 원활하게 돕는다.

거듭 강조할 것은 차크라 명상은 순수한 자연에너지를 증강시켜 건강 또한 지키는데 도움을 준다.

차크라는 몸과 마음과 정신 3가지가 균형을 잃을 때 그것이 정상적으로 회복할 수 있도록 도와준다. 차크라 에너지는 자연 기 에너지이다.

03
차크라 명상으로 원치 않는 습관 치유하기

1) 체중 감소
2) 담배 끊기
3) 알코올 중독 술 끊기
4) 마약 등

레이키의 세이키 심볼은 정신적/감정적 상징은 원하지 않는 습관을 바꾸거나 제거하는 데 사용될 수 있다. 원치 않는 습관과 정신적/정서적 치유 상징과 함께 종이에 이름을 쓴다. 그런 다음 종이를 레이키와 함께 치료하는 두 손 사이에 들고 있는다.

레이키를 원치 않는 습관과 관련된 당신의 마음과 감정 부분으로 보냄으로 인해 체중감소, 담배 끊기, 알코올 중독 술 끊기, 마약 끊기 등의 원치 않는 습관 치유하기 시작할 것이다.

낮 동안에도 원치 않는 강박증이 나타난다고 하면 매일 20분 이상 세이키 심볼을 이미지화하고 치유하고자 하는 것을 종이에 적어서 증상이 있는 사람에게 레이키 정신적 감성적 심볼을 세 번 이상 말한다.

04
차크라 명상은 스스로 내적 에너지를 높인다

　몇 분 동안 명상적인 고요함의 상태를 들어가고 나서 내적인 눈으로 각각 개별적인 차크라의 상태를 파악하려고 한다. 다시 1 차크라부터 시작하여 체계적으로 차크라 순서대로 하나하나 거쳐 나간다.

　이것을 하는 동안 많은 사람들은 자신들의 차크라가 어떤 상태에 있는지를 빛깔의 변화로써 알 수 있다. 다양한 빛깔의 의미는 7가지 차크라마다 다르다. 빛의 의미는 차크라의 징후로 보아야 한다. 어떤 사람들은 이것을 하는 동안 어떤 모양을 보기도 한다. 빛의 크기나 빛의 선명도로 그 상태를 알아보기도 한다.

　차크라를 평가하는 이런 방법과 판단기준은 일정한 양의 자기 경험을 요구하므로 신뢰할만하다. 납득 가능한 결과를 산출하기 위해서 되풀이해서 연습할 필요가 있다.

　점점 더 많은 사람들이 손으로 자신들의 미묘한 몸에 대해 느낌으로써 자신들의 에너지 상황을 평가할 수 있는 능력을 개발하고 있다. 이는 종종 촉감투시로 일컬어지기도 한다. 이 방법은 차크라가 자리하고 있는 자신의 에테르 몸이나 또 다른 사람의 에테르 몸의 에너지 막을 만날 때 일정한 저항을 느끼게 해 줄 수 있다.

 이 저항은 물속에서 이루어지는 움직임과 같은 느낌이다. 당신은 아마 구멍과 혹 뿐만 아니라 일정한 울퉁불퉁도 탐지 할 수 있을 것이다. 우리는 몸에 일어나는 변화를 알기 위해 직접 손으로 우리 자신의 몸이나 다른 사람의 몸 또는 동, 식물에 접근할 수 있다. 분명한 결과를 얻고자 할 경우에는 되풀이 되는 연습이 필수적이다.

05
차크라 빛 면역 에너지

낮이 사라지면 밤이 찾아온다. 낮은 태양으로 눈부시게 밝고 밤은 태양이 사라지고 어둠만이 찾아온다. 밤에는 등불을 켠다. 조명 가게에 켜져 있는 불빛은 빨간색 주황색 흰색 보라색 파란색 노란색 초록색의 빛이 있다. 대부분 7가지 무지개 빛이다.

빛의 색깔로 마음 건강 정신 건강 육체적 건강에 도움을 준다. 빛이 없다면 사람은 살아가기 힘들다. 빛은 바로 생명이고 에너지이다. 에너지는 면역력이다. 우리 몸에 면역력이 없다면 이름 모를 세균이 들어오면 병이 걸리기 십상이다.

빛의 치유는 바로 면역력을 높이는 데에 있다. 과연 차크라 빛을 가지고 면역력을 높인다는 것을 아는 사람들이 과연 얼마나 될까? 의심이 많고 꼭 눈으로 확인해야 한다는 사람들은 차크라 빛 에너지로 면역력을 높일 수 있다는 것은 어렵다. 인체나 물체 주위에 오라(Aura) 빛이 감싸고 있다.

요즈음 빛의 에너지로 건강을 지키는 데에 활용한다는 곳이 늘어나고 있다고 한다. 무엇이든 자연적인 에너지를 활용한다는 것은 상당히 놀랍다고 할 수 있다.

06
차크라 운동 역학 테스트

거울이나 사진 속의 자신을 의식적으로 잘 바라보면 자신의 상태를 알 수 있다. 또한 인간의 목소리는 종종 한 사람의 목구멍 차크라 상태의 중요한 지표가 되기도 한다. 이 뿐만 아니라 만성이거나 급성의 증상들을 살펴보면 어떻게 차크라가 영양결핍으로 시달렸는지 곧 알 수 있다.

여기에 운동역학테스트로 알려져 있는 건강을 위한 접촉(Touch of Healing) 방법을 소개한다. 자신에게 엄격히 실험해보려면 누군가의 도움이 필요하다.

당신의 오른 쪽 손을 당신 몸의 한 차크라 위에 놓고 동시에 왼쪽 팔을 몸과 직각이 되게 뻗는다. 당신을 테스트 하고 있는 다른 사람이 이제 '버티세요'라고 명령을 내리면 당신이 원래의 자세대로 팔을 유지하려 하는 동안 파트너가 손목 부위에 압력을 가함으로써 그것을 눌러 내리려고 한다. 차크라가 조화롭게 순탄하게 작용하고 있다면 뻗은 팔은 분명하게 느껴지는 저항을 보일 것이다.

테스트 받고 있는 차크라가 차단된 경우는 저항의 부족으로 쉽게 내려갈 것이다. 이 방법을 이용해서 뿌리 중추로부터 왕관 중추까지의 모든 차크라를 시험하여 각 차크라의 활동 상태에 대한 분명한 상황을 파악할 수 있다.

팔이 약하게 반응할 경우는 이 팔 테스트가 언제나 차크라의 동요를 암시할 것이다. 일어났을지도 모르는 변화를 결정하기 위해서는 뒤에 테스트를 되풀이 할 수 있다. 차크라 체계에 동요가 없으면 팔 테스트는 일곱 가지의 경우에 강함이 될것이며 팔을 내리누르려는 시도에 분명한 저항을 할 것이다. 팔의 피로를 피하기 위해 각 차크라를 테스트 하는 사이사이에 휴식을 취하는 것이 필요하다.

한마디로 강한 팔과 약한 팔의 차이를 분명 구별할 수 있게 된다. 테스트의 한 변형은 오른 손 엄지와 검지 끝을 붙여 힘을 주고 왼손으로는 테스트할 차크라를 덮는다. 일단 명령이 떨어지면 테스트 할 파트너가 엄지와 검지를 당겨 떨어뜨리기를 시도한다. 이것이 어렵다는 것이 입증될 경우에는 해당 차크라가 건전하지만 저항이 약할 경우에는 그 차크라가 어떤 식으로든 동요되어 있으므로 주의를 필요로 한다. 우리는 이 테스트를 자신들에게 적용하는 사람들을 여러 번 만나 보았다. 마음속으로 해당 차크라에 집중한 채 그들은 한 손의 엄지와 검지 끝을 붙여 힘을 주고 다른 한손으로는 그것을 당겨 떨어뜨리기를 시도한다.

이런 형태의 테스트도 어느 차크라가 제대로 작용하지 않는지 분명하게 보여준다. 만일 엄지와 검지가 쉽게 떨어진다면 상태가 약한 것으로 여겨지며 그 특정한 차크라는 동요되고 있는 것이다. 엄지와 검지가 떨어지지 않으면 그 차크라의 상태는 강한 것으로 건강하다. 물론 신뢰할 결과가 생기기 위해서는 이런 운동 역학 테스트를 위한 일정한 양의 연습이 필요하다. 그러나 그 방법들이 탁월하므로 어떤 차크라가 조화를 필요로 하는지 정확하게 알 수 있다.

운동역학적인 차크라 체크는 바로 올링 테스트와 맥을 같이 한다.

몸 안의 차크라 에너지를 불어넣는 힘은 연습과 훈련에 의한다지만 가장 중요한 것은 차크라 마스터에게 에너지를 부여 받아야 한다는 것이다.

07
차크라 – 혈액(나디)과 연결

나디(Nadi)는 섬세하고 미묘한 동맥들의 조직망이다. 나디는 또한 산스트리트어로 파이프 도관 즉 몸에서는 혈관을 의미한다.

나디의 기능은 프라나(Prana)즉 생명의 에너지를 인간의 미묘한 에너지를 몸 전체에 전달하는 것이라 할 수 있다. 산스크리트어인 프라나(Prana)는 절대적인 에너지라 불린다. 중국이나 일본에서는 이 우주적 생명의 에너지를 치(chi), 또는 기(ki)라고 부른다. 호흡을 통하여 공기(Vayu)로 프라나 에너지를 들숨 날숨으로 교차 들이킨다.

모든 생명체의 수준은 그 생명체가 몸 안에서 저장되고 흡수하여 몸에서 강한 에너지를 품게 된다. 그것은 진동수에 따라 에너지의 능력이 결정된다. 동물들은 인간 보다 낮은 진동수를 가지고 있다. 만물의 영장인 사람은 훨씬 높은 진동수를 가지고 있다.

수많은 혈액으로 이루어진 동맥들의 조직망 나디는 차크라를 통하여 인접한 다른 나디(Nadi)들과 연결되어 있다. 고대 인도와 티베트의 문헌을 보면 우리 몸에는 7만 2천개의 나디가 있다고 한다. 다른 고대의 문헌은 35만개의 나디를 말하기도 한다,

에너지통로 중 가장 중요한 것은 수슘나(Sushumna), 이다(Ida), 핑갈라(pingala)이다. 중국과 일본에서도 유사한 에너지 체계를 가지고 있는데 경락이라 부른다.

차크라는 다양한 형태의 프라나를 받아들이면서 변환시키고 분배하는 역할을 한다. 차크라는 나디를 통해서 인간의 미묘한 에너지 몸과 우리를 둘러싼 환경, 우주, 모든 현상계로부터 생명의 에너지를 빨아들여 이 생명의 에너지를 우리의 물리적인 몸 또는 미묘한 몸의 여러 부분에서 필요로 하는 진동수로 변환시킨다. 그 에너지들을 우리 주변에 내보내기도 한다.

차크라의 에너지 체계에 의해 우주에 존재하는 사람들은 환경, 우주, 창조의 다양한 수준의 힘들과 상호 작용하면서 끊임없는 교류를 하고 있다.

차크라(Chakra)가 에너지 몸과 밀접한 상호 작용을 함으로 에너지 몸들의 여러 특징들과 기능인 7가지 차크라에 에너지가 미친다.

우주에는 5가지 원소가 있다. 에테르, 공기(바유: Vayu), 불(아그니:Agni), 물(잘라: Jala), 흙(프리트비: prithvi)이 그것이다. 우리가 차크라 에너지에 대해 접근하려면 이해가 필요하다. 에너지의 능력은 사람마다 고유한 진동수를 가지게 된다. 몸이 안 좋을 때 부정적인 사고를 가진다면 아주 낮은 진동수를 가지게 될 것이다. 차크라 명상 에너지가 몸 안에 형성되는 과정을 이해하고 수련을 거치면 원래보다 더 높은 에너지를 가지게 된다.

몸 안에서 일어나는 에너지들은 서로 연결되어 있다. 예를 들면, 몸의 각 부위와 조직과 연결되어 있는 차크라 에너지의 진동수를 많이 가지게 되면 스스로의 면역성을 높일 수 있다.

08

차크라 어떻게 치유 되는가

당신의 주인은 이 주제에 대해 아주 자세히 다룰 것이다. 다음은 몇 가지 기본 사항이다.

1) 치유 가능한 한 조용하고 편안한 환경을 먼저 조성한다.
2) 가정에서는 방을 따로 두거나 고객 치료에 정기적으로 사용할 작은 공간을 지정한다. 이 '레이키 스페이스'는 연이은 치유가 필요한 고객에게 친숙해질 것이며(따라서 심리적으로 편안해질 것이며) 레이키 자체의 성질에 대한 부담도 갖게 되어 힐링 체험을 용이하게 할 것이다.
3) 위협 자세를 방해하지 않는 편안한 옷을 입는다.
4) 남성 환자의 경우: 안경, 조, 재킷, 넥타이, 벨트, 신발을 벗는다.
5) 여성 환자의 경우: 안경, 신발, 벨트, 스카프, 목 주위 장신구 등을 제거한다. 거들처럼 꽉 끼는 팬티스타킹을 제거한다.
6) 때로는 피부 감염/침입 또는 2/3 도 화상, 부안층이 두껍거나 옷이나 석고 주물 층이 두껍기 때문에 환자를 직접 진찰할 수 없거나 유아를 치료하고 싶어하며 얕은 수면을 방해하지 않을 수 있다.
7) 레이키 치유 끝날 때에는 피부에 직접 신체 접촉을 해야 한다는 것을 알고 있다.
8) 어떤 의학 전문가로부터도 기대할 수 있는 것처럼 스스로 적절한 휴진

(huziene)을 주장하라.

9) 항상 깨끗한 손을 가지며 시술 전 비누로 씻고 이후 시원한 흐르는 물에 20~30초간 씻어서 에너지 흐름을 끊는다. 응급상황에서 물을 사용할 수 없는 경우 손끝을 모아 기도자세로 손을 형성하고 30초간 꽉 누른다.

10) 크리넥스 티슈 한 박스와 시트 또는 담요를 손이 쉽게 닿는 곳에 놓는다.

그 조직들은 눈 치료와 특정한 영양분을 위한 것이다. 고객들의 편안함을 위한 덮개 가능하면 의뢰인을 눕히도록 해 중력 캠이 레이키를 몸 안으로 끌어들이는 데 도움이 되도록 해 베개를 머리 아래에 놓고 다른 베개를 무릎 아래에 놓아 등 아래쪽의 압력을 완화시킨다. 고객이 불평하거나 오싹할 경우 시트 또는 가벼운 담요를 사용한다.

자신의 필요를 확실히 하는 것도 소홀히 하지 마라. 자신의 편안함을 기억하라. 그리고, 치료하는 동안 레이키 자신에게 가장 중요한 것은 의뢰인이다.

11) 고객의 발이 엇갈리지 않도록 주의한다. 이는 에너지 흐름을 단락시키는 경향이 있다.

12) 장기(또는 일반적으로 신체의 불균형)이 심해지거나 궁극적으로는 퇴원하기 전에 만성 단계에서 급성 상태로 회복된 것처럼 치료를 중단할 수 있기 때문에 1차 또는 2차 치료 후에 기분이 더 나빠질 수 있다고 고객에게 알린다.

이런 경우 치료 후 또는 2차 치료 후 치유가 발생하지 않는 한 최소 3회 가급적 4회 연속 일일 치료가 필요하다. "이 병은 어디서 왔는지 되돌아와야 한다."는 것은 REIKI의 기본.

13) 불편한 증상이나 감정에 대해서 고객에게 물어보고 큰 수술에 대해서

도 문의한다.

14) "당신이 무엇을 할 것인지 사람들에게 통지하라." "그래서 그들을 겁먹게 하지 말라."

15) "머리, 앞, 뒤 등을 치료하고 아프고 잘못될 수 없는 것은 무엇이든 잡아라." 그 때 레이키 강사에 따르면 치료의 기본규칙이다.

"전면(목에서 허리까지)을 신체의 '마스터 모터'라고 생각하라."

16) 손가락을 모아라. 그렇지 않으면 에너지가 흩어진다.

손가락들을 뻣뻣하고 평평하게 만들기 보다는 몸의 반대쪽에 놓기 위해 약간 구부려라. 당신이 부드럽게 포옹하며 애인을 만질 것이라고 상상해보라. 그러면 당신은 완벽하게 그것을 완벽하게 얻을 수 있을 것이다.

17) 각 포지션에 3분에서 5분을 손 차크라 치유한다.

당신이 REIKI를 연습하고 당신의 바이오센스 시스템이 파괴되지 않는 생명 에너지에 더 익숙해질 때 당신은 당신의 손아래에서 다양한 리듬의 상승과 하락 혹은 에너지를 감지할 것이다. REIKI 채널에 대한 당신의 힘 또한 증가할 것이고 치료 시간은 짧아질 것이다.

극도로 병든 센터들은 아마도 장기적 배치가 필요할 것이다. 어쨌든 네 손은 언제 부러질지 말해줄거야 흐름의 첫 번째 사이클이 끝날 때 그렇게 한다. 에너지가 다시 솟아오르려고 한다. 그것은 가장 REIKI의 신체 도면의 특정 기관에 대한 하나의 에너지 사이클을 완성한다. 장기 및 장기 상태에 따라 각 기간이 달라진다.

18) 의뢰인이 수술로 인해 장기가 없어진 경우 어쨌든 존재하는 것처럼 취급한다. 레이키는 신체 내 에너지 패턴을 설정해 신체적으로 장기가 존재하는 것처럼 몸의 균형을 잡도록 도울 수 있으며 유착이 존재한다면

유착을 방출 할 것이다.
19) 한랭지점은 혈액순환이 원활하지 못하거나 원활하지 못함을 나타낸다. 따뜻해질 때까지 그 부위를 잡아라.
20) "여러분 모두가 알고 있듯이 몸이 모두 연결되어 있기 때문에 부분적인 치료는 없다."

예를 들어 당뇨병성 실명을 가진 사람이 췌장을 치유하기전에는 눈을 치료하지 않을 것이다. 왜냐하면, 췌장은 인슐린을 가장 많이 생산하고 있고 인슐린의 부족이 당뇨병 실명 등을 유발하기 때문이다. 췌장이 치유될 때까지 당뇨 실명에는 아무 일도 일어나지 않을 것이다.

21) 따라서 응급상황과는 별도로 추가 REIKI를 위한 특정 질환에 집중하기 전에 항상 전신치유를 한다.

당신이 주거나 당신의 시간을 주듯이 고객은 그의 적절한 치료를 위한 시간을 주는 것에 똑같이 동의해야 한다. 고객이 REIKI 치유를 요청하여 당신에게 권한을 부여했다. 그러니 반드시 해야 한다는 것을 알고 있는 것에 대해 단호히 행동하라.

부분적인 치유가 반드시 이루어져야 할 경우에는 내양일 플렉서스(Plexus)와 부전체를 치료한다. (이것은 또한 에너지 활성화와 "생명력을 다시 살아나게 하는 것"에도 좋다.

22) 레이키는 고객의 필요에 따라 몸을 통해 당겨진다.
부상당한 신체를 재생하고 회복하며 활력을 불어넣는 데 에너지가 더 많이 필요할수록 일반적으로 발작이 더 오래 걸릴 것이다.

23) "5분의 끝에는 거의 매우 많은 장기가 필요한 모든 REIKI를 가지고 있다."

팀 치유: 가능하면 FRONT 포지션과 BACK 포지션에서 돈을 지불하고 FRONT을 동시에 치유한다. 몸통과 머리를 동시에 치료하는 것도 매우 유익하다. 또한, 가능하면 한 명의 치료사가 에너지 장을 증가시키기 위한 수단으로 고객의 발바닥을 잡도록 하라.

레이키 마무리: 고객이 한 세션에서 필요한 레이키를 모두 수락하면 레이키로 치유를 마무리한다.

a) 몸 앞부분의 치유가 끝나면 검지와 가운데 손가락을 환자의 몸에서 떼어낸 반대의 시계 방향 에너지 나선형을 그린다. 어깨에서 시작하여 팔 끝까지 그 다음 어깨에서 몸의 측면을 따라 아래로 내려가는 발끝까지.

b) 몸통 뒷부분의 치유 후 척추에 에너지가 균형을 이룬 후 그 에너지를 빠르고 강력하게 척추 아래로 쓸어내린다.(당뇨병 환자는 척추위로 에너지를 반대방향으로 끌어 올린다.)

다시 손을 씻거나 손가락 끝을 30초 동안 함께 눌러 에너지 광채를 닫으라. REIKI 치유는 이제 완료되었다. REIKI가 신체의 세포와 에너지 흐름에 미치는 영향은 치유와 세포와 시스템의 균형을 유지하고 있다.

09
차크라는 혈액순환 펌프 역할을 한다

　차크라는 기에너지이다. 차크라는 산스크리트어로 바퀴라는 뜻이다. 바퀴가 굴러 갈수록 그 에너지의 힘은 극히 파괴적이라 할수 있다. 우리 몸에 있는 혈의 면역력 증강을 높일 수 있는 기 에너지이다.

　차크라는 동양의학에서 기혈이라 할 수 있다. 혈이란 말할 것도 없이 혈액을 말하는 것이다. 차크라는 혈액의 농도라든지 적혈구, 백혈구의 수 등 혈액의 정체적인 분석을 염두에 두지 않는다. 그 이유는 몸 밖에 꺼내어진 피 즉 죽은 혈액의 분석치이기 때문이다.
　몸 안을 흐르고 있는 혈액 기능이 중요한 것이다. 살아있는 피는 몸 안을 돌고 있다. 폐에서 탄산가스를 배출하고 공기 중에서 산소를 제공 받아 심장에서 내보내져 온 몸에 흐른다. 이 몸 안을 살아서 흐르고 있는 상태의 피를 기혈이라 한다.

　기는 몸 안에서 혈액과 일체가 되어 생명 유지를 위한 기본적인 작용을 게 그것이다. 호흡작용과 관계가 있기 때문에 공기의 기이며 혈액과 결부되는 산소라고 해도 좋을 것이다. 차크라를 경험해보면 생명 현상의 근원이 되는 에너지라는 것을 알 수 있을 것이다.

병의 증상이 좋아지는 것은 차크라의 에너지가 활발하기 때문이다. 혈액은 심장의 작용에 의해 혈관을 통하여 온 몸에 내 보내진다. 그리하여 몸의 말단까지 찾아와서 다시 심장으로 보내진다.

갈 때에 통과하는 혈관을 동맥이라 하고, 돌아 갈 때의 통로를 정맥이라 한다. 말단의 혈관은 아주 가늘어서 농도 높은 피가 잘도 이 모세혈관까지 도달할 수 있다니 놀랍기까지 하다.

말단의 모세혈관까지 찾아온 피는 차례로 가는 정맥에서 굵은 정맥을 거쳐 심장으로 돌려 보내지는데 이 되돌아가는 길인 정맥에는 역류를 막는 밸브는 있어도 갈 때에 작동 하는 심장과 같은 펌프가 없다.

그 때문에 가는 모세혈관에 피의 흐름이 정체하기가 쉽다. 즉 낡은 피가 괴어서 그 만큼 신선한 차크라의 에너지가 넘치는 피의 보급이 끊어진다. 이런 정체가 계속되면 그 장소에 따라서 여러 가지 장애나 증상이 나타나게 마련이다.

몸의 전조증상이 없어지지 않고 그대로 두어 심하게 되면 병이 된다. 차크라는 몸 안의 노폐물 즉 독소를 몸 바깥으로 빼내어 줘서 몸 안의 혈이 탁하지 않게 되어 혈액 순환이 잘 되어 병을 예방하여 주기도 하고 치유하기도 하는 두 가지 역할을 같이 한다.

10
차크라로 스트레스 완화

이런저런 검사를 한 후에도 특별한 원인을 찾지 못하면 "스트레스 때문인 것 같다"고 할 때가 종종 있다. 때론 머리가 아플 때도 속이 안 좋을 때도 모두 스트레스가 문제라고 한다. 하지만 괜히 하는 소리가 아니다. 실제로 몸이 스트레스에 민감하게 반응하기 때문이다.

사람들은 본능적으로 정신적 안정감을 유지하고 싶어 한다. 그런데 스트레스를 받으면 정신적 안정 상태가 깨지기 쉽다. 정신적 안정 상태가 깨지면 불안이 몰려온다. 이런 불안을 통제하려고 어떤 방식으로든 대응하게 되는데 그것을 '심리적 방어기제'라고 한다.

그중 하나가 스트레스를 받으면 몸이 먼저 아픈 것이다. 마음의 고통이 몸의 증상으로 바뀌어 나타나는 것인데 이를 '신체화'라 한다.
한 중년 여성은 머리가 깨질 듯이 아픈 통증 때문에 수년간 고생하고 있었다. 여기저기 큰 병원에 다녀봐도 원인을 찾을 수 없어 상담을 받았다.

이 과정에서 남편에게 화를 많이 날 때마다 두통이 온다는 것을 깨달았다. 그녀는 어릴 때부터 감정을 드러내지 않는 것을 미덕이라 배우며 자랐다. 감정을 억누르는 게 습관이 되다 보니 화가 났는데도 스스로 느끼지 못할 때가 많았다. 감정을 억누르는 게 습관이 되다보니 화가 났는데도 스스로 느끼지 못할 때가 많았다.

하지만 몸은 이를 알고 있었던 것이다. 스트레스가 몸의 증상으로 나타나는 전형적인 예라 할 수 있겠다. 스트레스가 너무 심하면 사람 몸은 퇴행을 하기도 한다. 심한 좌절을 겪을 때 잠시 정신적 유아기로 후퇴하는 것이다. 50대 법대 교수가 말기 위암 판정을 받고 병원에 입원했다. 그는 법학을 전공한 사람답게 논리적이고 이성적이었지만 입원 직후부터 의사에게 어린애처럼 떼를 쓰고 응석을 부렸다. 말기 암이란 절대 공포 앞에 일시적으로 퇴행 증상을 보인 것이다.

때론 스트레스에 대한 반응이 타인을 교묘하게 괴롭히는 방식으로 나타나기도 한다. 젊어서 과부가 되어 외아들을 홀로 키운 60대여성은 1년 전 아들이 결혼한 후 아들을 며느리에게 빼앗긴 것 같아 우울했다. 그러다 최근 건강검진에서 자궁암 초기 진단을 받았다.

수술을 받아야 하는데도 차일피일 미뤘다. 아들 부부에겐 "나 같은 늙은이가 비싼 수술을 받아 뭐하냐"고 말하곤 했다. 그러면서도 수시로 몸이 아프다며 아들을 집으로 불러들였다. 무의식적으로 아들의 결혼 생활에 깊숙이 개입해 아들 부부의 행복을 방해하고 있었던 것이다.

이런 형태를 '수동-공격적 행동'이라고 하는데 수동적 피학적인 태도로 타인을 괴롭히는 것이다. 다른 사람에 대한 공격성을 간접적으로 표현하는 방식이다. 앞서 언급한 신체화나 퇴행, 수동-공격적 행동은 미성숙한 방어기제에 속한다.

이와는 달리 성숙하게 대응하는 경우도 많다. 타인을 건설적으로 돕는 행동에서 만족감을 느끼는 이타주의가 대표적이다. 마더 데레사의 희생이나 목숨을 걸고 서아프리카의 에볼라 감염 환자 치료를 지원하는 것이 그런 예이다.

유머도 스트레스로부터 자신을 지키는 성숙한 대응 방법이다. 불쾌한 감정을 웃음을 유발하는 상황으로 대체해 긴장을 줄이는 것이다. 유머 감각이 좋은 사람이 인기가 좋은 것은 유머를 통해 긴장감과 불쾌감을 재치 있게 줄여 주기 때문이다. 심리적 방어기제는 스트레스와 불안으로부터 우리를 보호하는 데 꼭 필요한 기능이다. 미숙하게 대응하면 주위 사람을 힘들게 만든다. 혹 스트레스를 받으면 자신도 모르게 미숙한 방어기제를 남용하고 있진 않은가? 그렇다면 지금부터라도 미숙한 대응을 줄여보려는 적극적인 노력이 필요하겠다.

스트레스 극복을 하루아침에 날려버리는 것은 힘든 일이다. 많은 시간이 필요하다. 그러한 스트레스 조절도 차크라만이 할 수 있는 것이다. 스트레스는 눈에 보이지 않는 뇌 속의 복잡한 신경들이 스트레스 받아 질병에 노출되기에 스트레스는 위험한 것이다.

눈에 보이지 않는 스트레스는 차크라가 잡아준다. 차크라 치유 생소하지만 차크라는 총알처럼 나선형처럼 파괴력이 높다. 차크라는 강력한 에너지이다. 인체의 보이지 않는 곳까지 침투하여 증상을 완화시켜준다.

4부

차크라는 생명력

01
차크라의 기능

일곱 개의 차크라가 우리의 신경계에 박혀 있다. 정렬되면 그것들은 우리의 핵심을 따라 실제적인 채널을 형성한다. 이 채널 내에서 에너지의 두 가지 주요 전류가 위아래로 움직인다. 즉 해방과 발현이다. 이 교수법은 특히 아이디어에서 현실로의 단계별 현재의 움직임에 초점을 맞추고 있다. 차크라 마스터가 이끌어서 그것은 당신이 의도적으로 꿈의 삶을 창조하는 것을 인도할 수 있다.

일곱 번째 차크라는 인간 에너지계에서 가장 높은 차크라다. 신체의 가장 윗부분인 머리의 왕관과 관련이 있다. 상징적으로 왕관은 왕이나 여왕과 같은 높은 신장의 일부를 의미한다. 과거의 군주제에서는 국가의 치유가 총살이라고 불리는 결정을 내리고 게임 계획을 세우고 다른 모든 사람들에게 무엇을 해야 하는지를 말했다. 같은 방법으로 왕관 차크라는 당신의 탐구영역과 보편적, 정신적인 사고의 시작점이다. 태양 전지판이 태양의 광채 에너지를 받아 집 안으로 전기처럼 가지고 들어오듯이 당신의 크라운 샤크라는 소스 컨센서스의 수신기에 있는 것이다.

일곱 번째 Chakra는 산스크리트어로 "천배" 또는 "무한한"을 의미하는 Sahasra 라 불리는 무한히 피어 있는 천 개의 연꽃이다. 그대의 인식은 바로 이

연꽃의 중심에 있는 차원 없는 점이다. 연꽃들이 활동, 프로젝트, 대화, 사람들, 소음, 웅변, 생각들을 통해 당신의 주의를 끌기 위해 수천 가지의 것들이 경쟁하고 있다. 연꽃은 여러분에게 차코와 복잡함이 여러분 주위에 펼쳐질 때조차도 여러분의 중심 채널이나 중심핵에 연결된 순수한 깨어있는 가운데 중심을 유지하도록 상기 시킨다. 중심을 잡는 것은 당신 주위에 피어 있는 모든 사건들에 의해 제 궤도에서 벗어나지 않으면서 당신이 가장 직접적인 방법으로 소스와의 연결을 유지하도록 도와준다.

차크라 명상은 공허 속으로 들어가 내면의 귀를 여는 강력한 방법이다. 바쁜 하루를 보내고 물건을 치우기 위해 시간이 필요한 것처럼 우리의 마음도 정보를 처리하고 우리의 경험을 통합할 시간이 필요하다. 아무것도 하지 않는 것은 실제로 매우 생산적이다. 왜냐하면 육체는 쉴지 언정 마음과 정신은 계속 활동하기 때문이다.

적어도 이번 주에 한 번은 어떤 장소에 가거나 당신이 신성하거나 신성하다고 여기는 활동을 하라. 신성한 장소는 교회나 회당일 수도 있고 아니면 쉽게 숲속이나 해변의 특별한 장소가 될 수도 있다. 성스러운 활동은 당신의 목사님과의 매우 원만한 사랑 만들기(초, 음악 그리고 그것을 신성시 하기 위한 다른 요소들로 완성됨) 또는 당신이 당신의 아이들과 화해하는 의식일 수 있다. 그것은 깊은 명상, 요가 수업, 또는 영적인 선생님과의 방문에서 시간을 보내는 것일 수 있다. 성경, 바가바드기타 등 루미의 시를 읽는 것일 수도 있다. 중요한 것은 당신이 그것을 경험할 때마다 당신이 신성한 것과 신적인 것의 감각에 접촉하는 것이다. 일상생활에서 잠시 몸을 사려라.

만약 당신이 이 행동에 대해 7일 동안 시간을 낼 수 없다면 당신은 아마도 당신의 우선순위를 조사해야 할 것이다. 신성한 곳에 손을 대지 않고 일주일 내내 사는 것은 어떤 인간일까?

 게다가 당신이 당신의 집으로 가는 현관문을 열거나 요가 매트에 올라타면 당신은 절에 들어서게 된다. 문지방을 건너기 전에 잠깐 멈춰라. 외국 어딘가에 있는 정말 특별한 사원에 들어갈 때 할 수 있는 것처럼 정력을 집중하고 의도를 정하라. 당신의 일상생활에서 신성한 의식에 대한 법정을 시작하라.

02
차크라 신비의 비밀

차크라 명상 강좌 신청하러 오는 수강생 중에는 아픈 사람들이 종종 있다. 차크라 명상으로 자신이 가지고 있는 병을 치유하기 위해 오는 것이다. 차크라의 비밀은 가장 단순할 수 있다.

자신이 가지고 있는 질병을 치유하기 위해서 차크라가 운행하려면 사람마다 차크라의 에너지 작용이 다르다. 자신이 바윗덩어리 물질로 구성되어 있다고 한다면 다른 물질인 바람처럼 변하여 날아갈 수 있게 하려면 얼마나 많은 노력이 필요하겠는가? 하지만 짧은 시간에라도 차크라의 에너지를 형성하려면 고정된 생각의 한계를 뛰어 넘는 사고력이 필요하다.

어떤 사람이 물에 젖은 나무라면 말려서 활활 타게 하려면 또 다른 환경이 필요하게 된다. 사람마다 가지고 있는 물질이 모두 다르다. 이러한 인식 또한 알게 되는 것은 차크라 명상 수업의 가치라 할 수 있다.

차크라의 에너지를 형성하려면 사람의 본질과 자신의 체질부터 파악해야 한다. 사람에는 7가지 다튜스가 있다. 혈과 혈장, 근육조직, 신경조직, 재생조직, 뼈조직, 지방조직을 일컫는다. 이것의 작용이 모두 원활하지 못하기 때문에 사람은 병에서 자유로울 수 없다.

건강은 육체와 마음과 정신 3가지 균형을 가져야 한다. 어느 한쪽이 기울면 건강하다 할 수 없다. 이를 지키기 위해서는 차크라 에너지의 역할이 필요하다. 차크라는 눈에 보이지 않는 기 에너지다. 눈에 보이지 않은 차크라 에너지를 자신의 몸에 저장하여 건강을 지키게 된다.

03
차크라의 내면 바라보고 평가하기

몇 분 동안 명상적인 고요함의 상태를 들어가고 나서 내적인 눈으로 각각 개별적인 차크라의 상태를 파악하려고 한다. 다시 1 차크라 부터 시작하여 체계적으로 차크라 순서대로 하나하나 거쳐 나간다.

차크라 명상을 하는 동안 많은 사람들은 자신들의 차크라가 어떤 상태에 있는지를 빛깔의 변화로써 알 수 있다. 다양한 빛깔의 의미는 7가지 차크라마다 다르다. 빛의 의미는 차크라의 징후로 보아야 한다. 어떤 사람들은 이것을 하는 동안 어떤 모양을 보기도 한다. 빛의 크기나 빛의 선명도로 그 상태를 알아보기도 한다.

차크라를 평가하는 이런 방법과 판단기준은 일정한 양의 자기 경험을 요구하므로 신뢰할 만하다. 납득 가능한 결과를 산출하기 위해서 되풀이해서 연습할 필요가 있다.

점점 더 많은 사람들이 손으로 자신들의 미묘한 몸에 대해 느낌으로써 자신들의 에너지 상황을 평가할 수 있는 능력을 개발하고 있다. 이는 종종 촉감투시로 일컬어지기도 한다. 이 방법은 차크라가 자리하고 있는 자신의 에테르 몸이나 또 다른 사람의 에테르 몸의 에너지 막을 만날 때 일정한 저항을 느끼게 해 줄 수 있다.

이 저항은 물속에서 이루어지는 움직임과 같은 느낌이다. 당신은 아마 구멍과 혹 뿐만 아니라 일정한 울퉁불퉁도 탐지 할 수 있을 것이다. 우리는 몸에 일어나는 변화를 알기 위해 직접 손으로 우리 자신의 몸이나 다른 사람의 몸 또는 동식물에 접근할 수 있다. 분명한 결과를 얻고자 할 경우에는 되풀이 되는 연습이 필수적이다.

조용한 방에서 눈을 감고 명상시간을 갖는다. 눈을 감으며 암흑이다. 그 상태에서 다시 세상을 보는 눈이 떠 있음을 인식해야 한다. 밤에 방안에 앉아서 눈을 감으면 하얀색의 빛이 눈에 들어온다. 형광등의 크기 모 양이 둥글거나 네모나거나 하는 형태를 감지 할 수 있다.

그 다음에는 빛의 색깔이 들어온다. 점진적으로 더 진한 빛으로 변한다. 그리고 다른 차크라의 여러 가지 색깔들이 차례로 눈에 보인다. 그러한 것들이 반복 될때 내 몸 안의 에너지는 증가한다. 차크라가 무언지 잘 몰라도 이러한 경험을 한 사람들도 있을 것이다.

훈련을 통해서도 가능하지만 고요하고 조용한 장소에서 명상에 입문하며 에너지의 흐름을 눈의 느낌을 통하여 알 수 있게 된다. 차크라는 빛의 치유이기도 한 까닭이 바로 이런 이유이다. 차크라는 눈에 보이지 않는 강력한 에너지원이다. 거듭 강조하지만 차크라는 바퀴이다. 그런 마큼 차크라의 에너지의 파괴력은 엄청나다.

04
차크라의 능력

　차크라는 우리 몸의 모든 혈을 순환하게 도와준다. 병을 일으키는 독소 또한 작아져 소멸하게 한다. 차크라의 에너지는 장소가 어디든 가능하다. 왜냐하면 오로지 차크라의 에너지는 손바닥에서 나오기 때문에 어디든 이동이 가능하다. 따뜻한 온기가 온 몸을 다스린다. 차가움은 따뜻함으로 변하게 한다.

　통증도 작아지게 하여 점점 소멸되게 도와주는 작용을 한다. 그리고 눈에 보이는 심각한 염증도 없어지게 한다. 마치 마법을 보는 것과 같다고도 말한다. 직접 눈으로 경험하는 사람들은 연고 없이 염증이 가득히 찬 발가락 엄지가 차크라 에너지가 감싸는 것만으로 염증이 사라지는 것을 보고는 정말 신기하다고 한다.

　마치 촛물이 상처를 덮는 것처럼 염증은 완전히 사라진다. 이러한 것들은 오로지 레이키 차크라의 따뜻한 빛의 에너지로 가능하다. 레이키 차크라 마스터는 빛의 에너지를 손바닥을 통하여 쏟아낸다.

　질병뿐만 아니라 마음적, 감정적 영향까지 미친다. 그리하여 우울증이나 스트레스도 제거한다. 부정적인 마음은 긍정적으로 변한다. 이러한 능력은 학습과 실기를 통하여 마스트로부터 전수 받을 때에만 가능하다.

05
차크라의 치유 대상은 누구인가

먼저 자기 자신을 치유하라. 당신은 차크라이며 당신의 에고가 당신 자신을 드러내도록 허락할 때 당신은 완전한 건강을 이룰 수 있다. 다음으로 가족을 치유하라. 가족들은 당신에게 많은 도움을 주었기 때문에 차크라의 건강을 전달하는 것은 그에 대한 훌륭한 보답이다.

그 다음으로 치유를 구하는 누구나 고려하라. 요청은 중요한 덕목이다. 왜냐하면 차크라는 의도에 근거를 둔 시스템이기 때문이다. 진심 어린 고객이 치료를 요청한다는 것은 건강을 바라는 자신의 의도를 표현한다는 뜻이다. 만약 어떤 사람이 코마 상태이거나 영아이거나 또는 가족의 요청으로 온 사람이거나 또는 당신이 책임지는 사람이거나 모두다 차크라 치유를 받을 수 있다.

명심해야 할 점이 있다. 당신은 자신의 의지대로 이 치유를 받아들이든지 거절하든지에 있어 자유롭다. 당신은 그 의지와 고객을 자유롭게 놓아주어야 하며 당신의 의지를 고객에게 강제해서는 안된다.
당신이 모르는 사고 피해자를 치유할 때 조심할 점이 있다. 당신의 치유 능력에 대해 어떤 말도 하지 않는 것이 법적으로 관여되지 않는 길이다.

그저 눈에 띄지 않는 방식으로 차크라 치유 임하라. 공교롭게도 차크라 치유에 있어 이것은 아주 쉬운 일이다.

아이들이나 아기들 또는 뱃속의 태아들이 너무 어려서 치유 받을 수 없다는 생각을 버리라. 차크라는 아기들에게 생기를 불어 넣는다. 아기들에게는 어떠한 장벽도 없다. 아기들은 신의 사랑에 열려 있다. 그것이 바로 치유가 의미하는 바이다.

인간에 대한 신의 사랑이다. 병원에 입원한 환자나 주류의학적 치유를 받고 있는 사람도 차크라를 받을 수 있다. 만약 그 환자가 약을 먹고 있다면 정기적으로 주치의의 진료를 받으라고 권고하라. 왜냐하면 차크라는 신체의 재 균형을 야기하여 처방약의 용량을 감소시켜야 할 경우도 있기 때문이다.

질병을 진단하려거나 약을 처방하려고 하지 말라. 당신이 의료인이 아닌 한 직접적인 지시보다는 제안 정도로 하는 것이 좋다. 무언가 감지한 것이 있다면 그것을 단순히 진술하기만 하라.

그것이 환자에게 어떤 이득을 줄지 가늠할 책임을 환자에게 주라 또 명심해야 할 점은 당신이 누군가를 치유해야 한다는 의무감 또는 강제성을 느끼거나 치유를 요청 받은 시간이나 장소를 맞춰 줄 수 없다고 죄책감을 느낄 필요가 전혀 없다.

애완동물이나 다른 동물들과 식물도 차크라 치유가 가능함을 잊지 말라. 이들은 보편적 생명 에너지를 가지고 있고 레이키는 역시 이들을 위해 작용할 수 있다. 차크라 치유를 함에 있어 큰 보너스가 있다.

당신이 누구를 치유하든 간에 당신도 또한 동시에 치유를 받는다는 것이다. 차크라 치유를 하고 나서 지친다거나 에너지가 고갈되는 것은 절대 아니다. 왜냐하면 우리는 모든 창조물에 스며들어 있는 보편적 생명에너지를 사용하는 것이기 때문이다.

그러므로 당신은 다양한 조건에서 좀더 유연한 방식으로 차크라를 적용할 수 있다. '누가 치유할 것인가 만큼 무엇을 치유할 것인가'가 중요한 고려 사항이 될 것이다.

06
참을 수 없는 통증 다스리는 차크라

통증을 일으키는 조직은 신경세포에서 일어난다. 우리 몸의 생체리듬에는 7개가 있다. 혈장, 혈액, 뼈 조직, 근육조직, 지방조직, 재생조직, 신경조직이 있다. 이러한 연관성이 있는 조직 중 어느 하나 중요하지 않은 것이 없다.

통증을 일으키는 신경조직을 다루는 건 매우 어렵다. 아주 미세한 흐름의 신경조직에 이상이 생기면 통증이 나타난다. 일반적인 통증과 다르게 암과 연관된 강한통증은 몰핀으로도 제거하기 어렵다.

차크라는 미세한 조직까지 에너지의 힘을 미친다. 자연에서 생성된 자연적인 힘의 에너지로 통증을 관리한다. 차크라는 기의 에너지를 말한다. 보이지 않는 에너지를 느끼는 방법은 많다. 겨울 뜨거운 난로의 예를 들어보자 난로 옆에는 열기가 있다. 그 열기는 에너지로 보이기도 한다. 멀리서 보면 난로에서 나오는 주변의 열기와 그렇지 않은 차가운 곳에서의 에너지는 당연히 다른 열기를 느낄 것이다.

우리 몸 안은 직접 눈으로 보이지 않지만 느낌은 있다. 배가 불편하거나 뭔가 위장 속이 편치 않은 것을 느끼는 것도 기가 막혀 있다는 증거이다. 이와 마찬가지로 신경조직에 통증이 나타나는 것을 차크라 기 에너지의 강한 에너지로 몸 안에서의 통증을 몸 외부로 뽑아낸다.

07

진동에너지(만트라)

만트라가 지닌 진동이 내 안의 세포 곳곳에서 피어올라 내 안에 있던 문제들이 무엇이었는지를 성찰할 수 있게 되는 계기를 만날 수 있을 것이다.

만트라를 통해 무언가를 얻으려고 하는 생각보다는 개인적인 아집과 집착을 뒤로 하고 천천히 가슴으로 느끼게 되면 다른 세상을 볼 수 있게 된다. 우리가 일상에서 마주하게 되는 장애는 순전히 우리들이 자초한 결과물이다. 생각을 바꿔야 한다. 예전의 마음을 없애야 한다.

우리는 시련을 통하여 배운다고 하지 않았던가 그러한 시련들과 장애를 거부할 것이 아니라 스스로를 변화시키는 무기이기에 좋은 마음으로 받아들여야 할 것이다. 그렇게 훈련함으로 우리는 자기 이해는 물론이거니와 계속적인 실수를 반복하지 않을 것이며 더 나은 행복한 삶으로 나아갈 수 있을 것이다.

만트라는 울림의 진동이다. 아유르베다에서는 원소인 에테르는 눈에 보이지 않는다. 그것은 떨림 진동에 의해서만 우주의 에너지를 감지 할 수 있게 된다. 그러나 마음이 생각이 돌처럼 경직되어 있다면 울림을 경험하게 되기까지에는 많은 시간이 필요로 한다.

　세상엔 공짜가 없다는 말이 실감난다. 물질적이든 영적이든간에 스스로 책임져야 한다. 그것만큼 결과를 나타낸다. 보이지 않는 진동의 에너지 만트라는 결코 주문에 의지하는 경우와 그렇치 않은 경우들이 있다.

　그러한 것도 스스로의 의지에 따라 결정할 것이라 생각한다. 눈에 보이지 않는 힘은 우주의 모든 것들과 연결되지 않은 것이 없다. 보이지 않는 것과 보이는 것과의 연결은 결코 하나일 수밖에 없다.

　생각대로 믿는대로 이루어지는 것이라 한다. 그것은 스스로의 역량에 달릴 뿐이다. 수련은 값진 것이다. 고난과 격정의 나날들은 결코 나를 변화 시킨 큰 계기가 된다는 것을 잊어서는 안될 것이다. 스스로를 통제하는 힘을 기르는 탄트라는 고통에서 벗어나게 한다.

　인도 고전음악의 대가인 라비 샹카르(Ravi Shanhar)는 신의 권능을 지닌 소리를 나다 브라마(Nada Brahma)즉 우주의 소리라고 간주한다. 이 소리는 우수와 사람들의 정묘체(subtle body)를 통해 울려 퍼진다.

　샹카르는 '인도 전통에서는 소리가 곧 신'이라고 가르친다. 음악은 우리 내면의 존재가 신의 평화와 축복에 이를 수 있도록 만들어 주는 영적인 훈련이다. 우리들은 우주의 불변성과 영원성을 이해하는 것이 모든 지식의 기본 목표라고 배워왔다.

　음악은 우주의 본질을 반영해 준다. 음악을 통해 인간은 신에 도달할 수 있다고 강조한다.

소리와 음악의 힘, 모음과 말의 힘은 모두 우주의 위대한 창조력이다. 이러한 소리들을 관리하는 인간은 거대한 영적인 힘을 소유하고 있다. 여러 세기 동안 동양의 신비한 경전들과 스승들은 마트라가 바로 이러한 위대한 힘을 이끌어낸다고 가르쳐왔다.

만트라는 많은 비밀스런 말을 지닌 산스크리트로 된 말이다. 만트라는 마음의 도구, 신성한 말씀, 인간의 영적 생리학의 언어로 부른다.

만트라는 우리가 인생에서 직면하는 문제들을 치유해 줄 수 있는 도구다. 우리들은 만트라 수행을 통해 우리들의 삶과 삶의 목적, 우리 자신에 대해 더욱 명확한 인식을 얻게 될 수 있을 것이다. 만트라는 물질적인 문제와 인생에 필요한 것들을 다룰 수 있도록 도와준다.

08
차크라는 생명력

차크라(Chakra)는 '바퀴(Wheel)'이라는 뜻이다. 바퀴가 굴러갈 때는 구심력이 매우 강하다. 그 만큼 차크라의 힘(Power)은 매우 파괴력이 높은 기 에너지이다.

차크라 명상은 몸 안에 있는 7가지 차크라의 부위의 조직의 에너지를 증가하게 하여 몸의 혈액 흐름이 잘 되도록 도와준다.

차크라는 곧 생명의 에너지이다. 우리가 살아 있는 것은 생명의 힘이 흐르고 있기 때문이나. 생명력은 자크라(Chakra)라고 불리는 경로를 통해 신체 내에서 흐른다. 경맥과 나디. 아우라라고 불리는 에너지의 영역에서 우리 주위를 흐른다.

생명력(Life Energy) 즉 기 에너지를 인도 산스크리트어로 프라나(Prana)로 중국에서는 기(Ki)라 불린다. 신체의 장기와 세포에 영양을 공급하고 신체의 중요한 기능을 지원한다. 생명력의 흐름이 흐트러졌을 때 기능이 저하된다. 생명력의 흐름이 방해될 때 그것은 신체 기관의 하나 이상의 기능 저하를 야기한다.

생명력은 생각과 감정에 반응하며, 우리가 의식적으로든 무의식적으로든 부정적인 생각이나 우리 자신에 대한 감정을 받아들일 때 혼란스러워진다. 이러한 부정적인 생각과 느낌은 에너지장에 달라붙어 생명력의 흐름에 지장을 초래한다. 이것은 신체 기관과 세포의 중요한 기능을 감소시킨다.

차크라(Chakra)는 에너지장의 영향을 받은 부분을 흐르게 하고 양의 에너지(Positive Energy)를 충전함으로써 치유된다. 부정적인 생각과 감정이 붙어 있는 신체 내부와 주변의 에너지장의 진동 수준을 높인다. 음의 에너지(negative Energy)가 분해되어 떨어져 나가게 한다. 차크라 기 에너지는 에너지 경로를 탁한 것은 맑게 하고 굽어진 것은 펴게 하여 치유함으로써 생명력이 건강하고 자연스럽게 흐를 수 있게 한다.

〈차크라 에너지로 무엇을 치유할 수 있는가?〉

차크라는 강인하면서도 부드럽다. 다발성 경화증, 심장병, 암은 물론 피부 문제, 절단, 멍, 골절, 두통, 감기, 독감, 인후염, 햇볕에 그을린 것, 피로, 불면증, 기억력 저하, 자신감 부족과 같은 심각한 문제들을 포함한 거의 모든 질병을 치유하는 데 도움을 준다. 차크라의 에너지는 따뜻함의 기에너지로 다른 모든 유형의 치료의 효과를 향상시키는데 효과가 있다.

치유는 훌륭하게 빛나는 광채처럼 느껴지며 의식의 변화된 상태와 영적 경험을 포함하여 client(고객)과 차크라 마스트 모두에게 많은 이점이 있다. 서로의 에너지를 교환할 수 있기 때문이다.

불균형으로 일어나 장애 흐름이 몸에서 발생하였을 때 차크라와 함께 치유

받기를 원한다면 그들은 차크라 치유를 할 수 있는 의사나 다른 건강관리 전문가 즉 차크라 마스터로부터 차크라 치유 받을 수 있다.

차크라 명상으로 생긴 기 에너지로 부정적인 부작용을 줄이고 치유 시간을 단축하며 고통을 줄이거나 제거하며 스트레스를 줄여 좋은 치유 결과를 가져온다.

〈차크라는 종교가 아니다.〉

차크라 기에너지는 본질적으로 영적인 반면, 그것은 종교가 아니다. 차크라 명상을 배우고 사용하기 위해 당신이 반드시 믿어야 할 것은 없다. 사실, 차크라 명상은 믿음에 전혀 의존하지 않으며 당신이 믿든 안 믿든 간에 차크라 명상을 하면 차크라 에너지는 증가 한다.

차크라는 우주의 에너지이다. 우주는 신이며 자기 자신이기도 하다. 샴히타 철학에서 푸류사(Prusha)와 프라크루티(Prakruti)에서 발생한 마하드(Buddi) 그나음으로 아함카(Ego-자아) 즉 나는 자연 창조적인 것으로부터 온 것이기 때문에 신으로부터 왔다고 할 수 있다.

사람들이 차크라 명상을 할 때 빛이 발생한다. 에너지가 발생하여 마음과 정신적 영적으로 내적 에너지를 증가시켜 몸이 균형을 이루게 하는 데 도움을 준다. 육체는 마음과 정신 이 3가지가 조화를 이룰 때에 건강을 찾을 수 있다.

09
차크라 명상 습관

자신이 하루에 가장 편한 시간이나 짧은 시간이라도 매일 똑같이 명상에 임할 수 있는 시간을 정한다. 5분이라도 괜찮다. 먼저 눈을 감고 두 손을 모아 합장하는 자세를 취하면 된다. 다리는 가부장 앉아 있는 자세면 된다. 눈을 감으면 잡다한 생각이 떠오르거든 이를 지워 버리는 생각을 먼저 가지도록 노력해야 한다.

그 다음에는 눈을 감은 상태에서 세상을 봐야 한다. 그러면 하얗거나 회색빛이거나 하는 것이 먼저 보인다. 그것이 정체 되어 있지 않고 움직인다. 바로 기의 움직임이다. 자신의 생각 버리기와 명상에 임한 자세도 중요하다.

차크라 명상에 돌입하면서 먼저 해야 할 일은 오늘 하루 맞이함에 감사와 기쁨을 마음속에 가지도록 한다. 오늘 어떠한 일이 생기더라도 기꺼이 마음 내려놓을 수 있도록 그러한 것에 대한 준비의 마음도 갖도록 하는 것이 좋다.

자신을 치유하는 것이 먼저다. 자기 자신을 사랑하고 자기 자신의 모든 것들을 받아들이고 또한 스스로에 대한 마음공부로 충전하는 것을 생각하여야 할 것이다.
눈을 감고 하나씩의 단계로 훈련한 후에 스스로 기가 내 몸 안에 있다는 것을 깨닫게 된다. 에너지 충전으로 오늘 하루 임할 수 있다 .

10

암 통증 차크라로

　암이 무서운 이유는 고치기 어려운 난치병이라는 데 있지만 그보다 가장 큰 이유는 통증 때문에 심한 고통이 따르기 때문이다. 암의 통증은 1기, 2기, 3기, 4기에 따라 다르다. 3기 때부터 암 말기로 접어들기 때문에 암 통증을 다스리는 것은 실은 불가능에 가깝다. 현대의학으로 통증 치료에 쓰는 마지막 보루로 사용하는 몰핀이 있다. 하지만 몰핀이라고 모든 진통을 제거하기 힘들다.

　몰핀 파스를 증상이 있는 곳에 붙이기도 하고 급기야는 몰핀을 장내에 들어가세 하는 수술노 있다. 별의 별 방법을 모두 농원해도 통증은 잡기 힘들다. 항상 강조했지만 사람들은 차크라의 의미를 잘 모른다. 암 통증 제어는 차크라 마스터가 할 수 있다. 암 통증은 한 곳에서만 나타나는 것이 아니다. 혈류는 전신으로 흐르기기 때문에 통증 또한 전신으로 나타난다. 말기 암 환자는 대부분 얼굴 표정이 일반적이지 않다. 왜냐면 암으로 인한 통증이 견딜 수 없게 전신으로 나타나기 때문에 좋은 얼굴 표정을 작는 다는 것은 정말 불가능하다.

　이럴 때에 차크라를 받으면 받는 즉시 통증이 사라진다. 믿기 어렵겠지만 경험해보면 안다. 차크라 마스터는 자신을 믿을 때에만 차크라를 행한다. 일반 사람들은 처음에 차크라가 통증에 효과가 있을지에 대한 의문을 누구나 가질 수 있다.

경험해 보면 차크라 기에너지가 부작용 없는 최상의 자연치유라는 것을 알게 된다.

5부

공황장애
차크라 치유

01
불(아그니)을 주관하는 차크라

불은 사람 몸에서 위장을 나타낸다. 위장의 역할은 음식물이 위에 들어오면 열로써 분해시킨다. 그런 다음에 다시 각각의 장기로 보낸다. 5번째에 해당하는 Solar Plexus Chakra(Manipura) 차크라이다. 5번 차크라는 장기 중에서도 특히 췌장에 많은 영향을 미친다. 췌장은 인슐린 분비를 조절하는 조직이다. 당뇨병에서 아주 중요한 역할을 하는 것이 바로 솔라 플렉스 차크라이다.

차크라는 췌장 기능을 원활하게 할 수 있도록 도와준다. 당뇨병에 걸리면 다시 다른 합병증이 나타나는 유전성 질환이다. 하지만 후천적으로 식습관이 잘못되어 음식에 대한 과한 섭취로 인해 췌장의 정상 기능을 훼손하였기 때문에 생겨난다. 당뇨는 음식조절이 절대적으로 중요하다.

5번째 차크라인 솔라 플렉스는 소화기관(Digestive System)에 관할한다. 소화기관에는 간, 위, 콩팥, 대장, 비장이 속해 있다. 이에 장애가 생긴다면 우선 감정조절부터 해야 한다. 도움이 되는 음식은 노란 색을 가진 채소나 과일이 좋다.

불의 차크라 명상을 할 때 해가 비치는 곳에서 하면 좋다.

02

자살 차크라 에너지로 생각 바꾼다

넥슨 김정주 회장 우울증으로 인해 급기야 영면에 들었다고 한다. 참으로 안타까운 소식이다. 우울증이 생기기까지는 여러 가지 사연이 깊이 쌓여 있다는 것을 알 수 있다. 이에 대한 처방이 이루어져야 한다.

우울증을 일으키는 원인에 대한 것들을 없애주는 것이 무엇보다 중요하다. 사람에게는 지극한 고통이 있다. 해결할 수 없는 문제들로 인해서 그 고난들에서 벗어날 수 없다는 강박관념에서 빠져나오지 못하는 점이 있어서다.

노력한다고 되는 것이 아니다. 하지만 이러한 힘은 스트레스가 차크라 에너지를 받으면 믿지 못할 정도로 상황이 나아진다. 오직 차크라 에너지가 눈에 보이지 않는 부정적인 마음과 정신을 긍정적으로 바꿔주기 때문에 무조건 차크라 기 에너지를 몸과 마음과 정신영역에 까지 보내야 한다.

차크라는 자살을 방지하고 불면증, 공황장애, 대장암, 혈액암 등을 치유한다. 뿐만 아니라 다양한 병들에 의해 나타나는 통증도 제거한다.

03
차크라로 자신의 건강을 지키자

차크라는 기 에너지이다. 5가지 원소로 사람과 자연은 구성되어 있다. 몸과 마음과 정신의 균형을 차크라로 열 수 있다. 차크라의 치유능력은 오로지 마스터에 의해서 열리 수 있다.

차크라 능력을 가지려면 이러한 것의 중요성을 깨달아야 한다. 차크라의 능력은 한번에 마스트로부터 받아 몸 안에 생긴다.

이것을 잘 다루지 못하면 재앙이다. 차크라는 거듭 강조하자면 스스로 기 에너지를 복원 할 수 있는 힘이다. 차크라 에너지는 훈련함으로써 모든 사람들은 차크라 치유 능력을 가질 수 있다. 전생, 현재 미래의 에너지도 스스로 찾아가 치유할 수 있는 힘이 생긴다.

차크라의 강한 능력을 나타내기 위해서는 선행될 것이 있다.

1. 마스터를 존중
2. 신에게 감사
3. 자신에게 감사

4. 레이키에 감사

5. 자신과 자연을 일치함에 감사

마지막으로 가슴위에 손을 댄 후에
깊이 숨을 들이쉬고 Vibration(진동)을 느껴야 한다.

04
쿤달리니 에너지

쿤달리니는 호기(날숨)과 흡기(들숨)을 이용하여 인체내의 모든 존재들을 유지시킨다. 쿤달리니는 생명력이다. '쿤달리니(kundalini)'이라는 말은 산스크리스트어로 쿤달(kundal) 즉 감고 있다는 뜻이다. 이것은 뱀이 또아리를 틀고 앉아서 잠을 자고 휴식을 취하는 뱀의 모양에 비유된다.

뱀과 쿤달리니의 유사성은 그 움직임, 즉, 나선형으로 또아리를 튼 모습에서 찾을 수 있다. 쿤달리니는 '유'와 '무'의 속성을 지닌 영원한 최고의 의식 상태이다. 인체 내에서 창조되는 모든 에너지도 쿤달리니의 힘을 통한 것이다. 우리 몸속에는 존재에 관계된 모든 형태에 둘러싸인 정적 중심부의 모습과 똑같은 에너지가 들어 있다.

동적 에너지는 그 생존 현상에 의해 소모되는 에너지가 되고 정적 에너지는 평상시에 작용하고 있는 의식 속에 잠자고 있다. 인생에 무언가 고차원적인 목적이라 할 수 있다. 보통 깨어있고 잠자고 꿈꾸는 상태를 초월한 다른 의식 상태가 있다고 느끼거나 자아를 인식하기 시작하거나 감각적 쾌락의 욕망이 충족되었거나 현상 세계에 별다른 매력을 느끼지 못하는 사람들은 초연의 상태 혹은 내향성의 세계를 경험하게 된다.

쾌락을 멀리하게 되면 자연히 내부 세계로 향하는 문이 열리게 되고 물질과 마음의 이중성을 합일로 이끌어주는 깨달음을 얻게 된다. 이때 잠들어 있는 정적 에너지를 전체적으로 변화시키면 동적으로 변하여 중력의 법칙에 위배되는 과정이 생기기도 하고 척수 속의 신경 중심부(척수, 등골)를 통해 에너지가 흐르기 시작한다. 에너지 힘은 아파나의 양이온과 프라나의 음이온이 결합 합으로써 생겨난다.

아파나 자리는 골반 밑 부분이다. 그러므로 척추의 기저에서 숨 쉬고 있는 아파나는 정적인 형태를 갖추고 있다. 미저골의 상부 골절과 천골의 하부 골절이 섬유조직의 뿌리와 같은 신경다발 내에서 결합될 때 에너지가 발생한다. 차크라를 행하면 자율신경계와 주요 신경 총을 만들어 주는 신경절과 연결된 부교감신경계와 작용하는 잠재 에너지를 활성화시킬 수 있다고 한다. 잠재 에너지를 일깨워지게 되면 '나디(nadis)'들을 통해서 작동하기 시작하는데 '나디(nadis)란 단어는 산스크리스트어로 '나드(nad)', 즉 이동을 의미한다.

나디가 흐름을 나타낸다고 리그베다 힌두 경전에 기록되어 있다. 요가하는 사람들과 좌선하는 기도하는 사람늘은 쿤달리니 에너지를 중시한다. 시작할 때의 동작도 끝맺음을 하는 동작에 있어서 척추에 연관된 쿤달리니 에너지와 차크라 에너지를 서로 호흡으로 마무리를 하여 몸안의 에너지를 마무리한다.

05
하루의 소중함

　하루의 소중함을 깨닫게 되었다. 아침에 일어나서 저녁에 잠들 때까지 있었던 생각들 그리고 한일 들 모두 존재하기에 가능한 것이다. 오늘 하루 누군가에게 감사함을 전한다. 그것들이 있음으로 인해 나의 존재가 다시 시작된다는 것이 얼마나 소중한지도 알게 되었다. 이러한 모든 일을 알고 기다려주고 지원해 주는 우주의 모든 신들에게 감사하다.

　가까이에서 내가 하는 말과 행동들을 보는 가족들 존재 또한 행복하다. 오늘 누군가를 위해 감사의 기도를 드린다. 그것으로 인해 오히려 나의 존재가 더 행복하다는 것을 깨닫게 된다. 나를 아는 사람들 또는 내가 그들을 아는 사람들 있어 나의 존재가 춤추게 한다. 오늘 하루의 소중함도 모두 함께하기에 더욱더 소중하다.

　오늘이 있기에 내가 존재함을 느꼈다. 모든 이웃들에게도 감사하다. 그들을 위하여 축복의 기도한다.
　소중한 오늘 너무나 감사하다. 매일의 연속의 위대함은 오늘 소중함이 있었기에 가능한 것이다.

오늘 조직검사 양성인지 음성인지 발표 날이다. 가슴 졸이며 기다려 온 10일 동안 지옥이었다. 천만다행으로 양성이란다. 하루하루의 소중함이 바로 이런 연유로 더 간절하다. 앞으로 어떤 일이든 화내지 않고 두려워하지 않으며 살자. 걱정할 일도 긍정적인 생각으로 떨쳐버리는 노력도 하자. 살아 있다는 것은 궁극적으로 참으로 행복한 일이다. 용서할 수 없는 사람들도 가슴에 묻자. 지금 살아 있음에 앞으로도 영원히 감사할 것이다.

오늘 하루 소중함에 대하여만 열심히 살자. 내일은 내일 다시 일어나서 해야 할 일들이다. 미리 생각하지 말자 오늘 하루 열심히 최선을 다하면 된다.

06
공황장애 치유되는 차크라

공황장애를 가진 사람 대부분 모두 아픈 사연을 가지고 있는 것이다. 정말 마음의 고통을 안고 있는 자체는 그야말로 악몽에 시달리고 있다고 해도 과언이 아니다. 그러한 곳에서 벗어나기는 쉽지 않다. 사람의 힘으로 극복하기는 정말로 어렵다.

마음의 스트레스의 무게감은 엄청나다. 남을 괴롭히는 사람들은 아무런 죄책감을 가지지 않는 사람들이 의외로 많다. 물론 그렇지 않은 사람도 있지만은 단 소수 사람들 즉 작은 사람들 때문에 살아가는 게 너무 힘든 경우들이 많다. 공황장애는 사람들과의 배신, 모욕 그 외 다양한 악재를 유발하는 사연들을 의외로 많이 간직하고 있다.

스님도 아니고 신부님 성직자가 아닌 일반 사람들이 이 고난을 극복하기는 결코 쉽지 않은 상황들이다. 공황장애는 인간사의 고통들로 만들어진 덩어리라 할 수 있겠다. 마음과 정신의 스트레스로 인한 공황장애는 차크라 에너지의 강력한 기로써 완전 해결 할 수 있다.

07

염증 차크라로 치유

발가락이 곪아서 썩기 직전이다. 암환자라서 그런지 아무리 항생제를 사용해도 잘 들질 않는다고 한다. 암은 상당한 통증을 유발시킨다. 그리고 아주 작은 상처도 잘 낫질 않는다.

그러한 사람들에게는 살아가는 하루하루가 정말 지옥이라 한다. 여기에 차크라가 상당한 도움을 준다. 차크라 에너지는 몸에 닿지 않게 쏘아준다. 아무런 느낌이 없다. 그런데 결과는 상당히 놀랄만하다.

발가락 염증이 아주 곪아서 신물이 흐르는 것을 낮게 하여순다. 10분 정도 이삼일이면 염증증상도 작아진다. 어떤 설명으로 이해시킬지는 마스터의 역량이지만 효과 또한 원리를 설명하여 상대방에게 이해시키는 것은 쉽지 않다. 그렇지만 결과에 상당히 놀라워한다. 염증은 차크라로도 치유된다.

08
레이키(REIKI) – 손치유 에너지

레이키(Raykey로 발음)는 수천 년 된 손 치료 기술이다. 1880년대 후반 박사에 의해 재발견된 티베트 불교 관습에서 유래된 것으로 생각된다. 일본 불교 신자 미카오 유시 그것은 누구나 쉽게 배울 수 있는 매우 간단하지만 강력한 기술이다.

타카라 RMrs. Takara는 Rei라는 단어는 보편적인 의미이며 이것이 가장 많이 받아들여진 정의라고 말했다.

다카타 여사는 이 해석은 매우 일반적인 것이라고도 지적했다.
한자 한자에는 7단계의 의미가 있다. 그들은 평범한 것에서 레이는 어느 곳에나 존재한다는 의미로 해석할 수 있는 흰색이기 때문에 이 정도의 해석은 레이키에 대한 이해를 높이지 않는다.

레이에 대한 일본어 한자의 난해한 의미에 대한 연구는 이 한문을 훨씬 더 깊이 이해할 수 있게 했다. Reiki에서 사용되는 Rei라는 단어는 초자연적인 지식이나 영적인 의식을 의미하는 것으로 보다 정확하게 해석된다.

이것은 신이나 높은 자아로부터 오는 지혜이다. 이것이 모두 알고 있는 신의 의식이다. 그것은 모든 문제와 어려움의 원인을 알고 무엇을 해야 그것들을 치유할 수 있는지 알고 있다.

음식 잘못 먹어 배 아플 때 5번 차크라에 5분 기에너지 넣으면 즉시 증상 완화된다.

사람마다 체질이 각각 다르다. 된장찌개에 두부가 들어간 음식을 먹으면 속이 미식거리며 울렁증이 생기는 이가 있었다. 하루가 지나도 속이 편치 않아 음식 생각이 전혀 나지 않는다고 했다. 잠깐 누워서 위(Stomach)에 5번 차크라가 들어갔다.

손을 대자마자 위에서 꾸르럭 거리는 가스 소리가 들려왔다. 그리고 배꼽 주위에도 5분 해줬다. 40대 초 청년은 금방 좋아졌다고 한다. 참으로 예민하게 반응한다. 때로는 어떤 이는 아무것도 느끼지 못하는 사람도 있다고 했더니 소리가 크게 들릴 정도로 나는데 모르는 사람도 있냐고 되묻는다.

그날 저녁은 잘 먹었다고 한다. 이렇게 차크라는 바로 명현반응이 일어난다. 심장이상이 있을 때 4번 차크라 작동시키면 증상 완화된다.

기저질환이 있는 사람은 면역기능이 현저히 떨어신나. 심상에 이상 소심이 있을 때에 바로 차크라를 받으면 정상으로 돌아온다. 믿지 않는 사람은 경험해 봐야 그 효능을 알 수 있을 것이다.
눈에 보이지 않는 차크라 기 에너지가 팽이 돌듯이 강한 구심력으로 심장으로 바로 차크라 에너지를 넣으면 이상 증상들이 5분 내에 멈춘다.
우리나라에 차크라 마스터들이 많지 않다. 기본적인 훈련을 받으면 자신 스스로 면역체계를 높일 수 있는 것도 상당하다. 마스터의 지도를 받아 가족들과 다른 사람들을 치유해 줄 수 있는 마스터가 많이 배출되길 바란다.

09
죽음 앞에 선 사람들 차크라 명상

　　차크라 에너지를 한번 몸에 넣어주면 차크라는 자생의 힘으로 7가지 차크라 길을 찾아간다. 치유자는 어떠한 목적의 생각을 가지고 있지 않아도 환자의 몸 안에 들어간 차크라는 스스로 자생의 치유의 힘으로 병이 있는 지점까지 차크라 스스로 찾아간다.

　　신기하게도 질병이 있는 곳에서 차크라 운행이 시작된다.
　　그러면 바로 그곳에서 전기자장이 일어난다. 치유가 이루어지는 조짐을 나타낸다. 차크라는 벌써 몇 천년 전에서부터 시작되었다. 이러한 것들을 재조명하여 발전시켜나가야 한다. 병명을 알 수 없을 정도로 많은 질병들이 사람들의 목숨을 위태롭게 하고 있다.

　　차크라의 마스터를 중시하고 이를 발전시킬 수 있는 곳에서 연락 오길 바란다. 차크라 명상교육으로 사회 저변 확대가 되면 많은 사람들이 고통에서 벗어날 수 있을 것이다. 모든 것은 순리에 의해 이루어진다.

10
잘못된 인성을 치유하는 차크라 명상

차크라는 부정적인 마음을 긍정적으로 변화하게 한다. 사람을 원망하는 마음도 차크라 명상을 훈련하면 바뀌진다. 차크라는 기에너지이다. 차크라 기에너지의 방법을 훈련함으로 자신 스스로를 치유할 수 있다. 그렇게 하기 위해서는 먼저 자신을 가르쳐준 마스터에게 감사함을 전해야 한다. 그러한 것이 시행되지 않을 때에는 차크라를 운전해서는 안된다. 자연의 이치를 그릇 운행하면 나쁜 결과를 초래하기 때문에 주의해야 한다.

바른 마음으로 행하지 않으면 부메랑처럼 모든 일의 결과가 좋지 못하다. 특히 선강문제에 있어서 선강을 잃는나면 위험하나. 부정적인 마음을 행동으로 나타내는 행위를 한다면 차크라는 역행할 것이다.

차크라 명상은 긍정적인 마음과 자세로 훈련하여야만 기의 에너지가 증폭된다. 잘못된 방향으로 가는 것은 잘못된 것이다. 차크라의 기본은 긍정적인 마음과 자세다. 이것을 지키지 않고 이탈해서 차크라 운행을 한다는 것은 자신을 공멸에 빠뜨리게 한다. 차크라는 바퀴처럼 총알처럼 그 구심력이 대단하다. 이러한 차크라를 사용할 때는 부정적인 마음에서 생각한다거나 행동에 옮기는 것은 바로 자신을 해친다는 것을 명심하여야 한다.

중요한 이치를 깨닫지 않고 믿지 않고 차크라 명상에 돌입하는 것은 위험하다. 좋은 마음과 좋은 행동을 하여야 차크라 능력이 생긴다. 분노로 남을 해꼬지 하는 생각과 행동은 차크라가 부메랑으로 돌아와 자신을 위험에 빠뜨리게 한다. 마스터 다음에 중요한 것은 신(GOD)이다. 세번째로는 자기 자신이다. 두 개인은 이 세상에 유일한 창조물이다. 신 바로 밑에 있다. 자신의 모든 것에 감사해야 한다. 자신의 모습뿐만 아니라 마음과 정신도 경건하다.

자기 모습을 구성하고 있는 몸의 모든 조직에 감사해야 한다. 혈과 혈장, 근육조직, 지방조직, 뼈 조직, 재생조직, 신경조직 등 우리 몸을 이루고 있는 7가지 구성이 자유롭게 움직이기 위해서는 좋은 마음과 행동을 하여야 한다.

살아있다는 것과 죽는 다는 것은 사람들에게 이처럼 중요한 문제 일 수 없다. 모든 것은 차크라가 책임지고 있다.

6부

암
차크라 치유

01
치매 치유하는 차크라 명상

차크라는 기 에너지이다. 기 에너지는 사람들마다 각기 다른 에너지로 채워져 있다. 그 에너지는 에테르와 공기 그리고 불과 물과 흙의 원소로 되어 있다. 이러한 원소들이 사람들마다 모두 다르게 구성되어 있다. 이 균형을 이루지 못하면 건강이 원활하지 못하다. 차크라는 여기에서 에너지 힘을 증가시켜 개인마다 가지고 있는 면역체계를 높이게 도와준다. 뿐만 아니라 심각한 질병도 치유해주는 힘을 가지고 있다.

차크라는 불면증, 우울증, 치매, 발기부전, 대장염, 기억력 저하, 공황장애, 희귀한 질병 등 많은 질병에도 면역체계를 높여 증상들을 완화해준다. 차크라 마스터라야만 그러한 치유능력을 가지게 된다. 지금 사회에는 많은 인재들이 있다. 정치, 경제, 문화계 부분에서도 이름이 널리 알려진 사람들이 많다. 그 중에 안타깝게도 여러 가지 질병 등으로 죽음 앞에서 고통받는 사람들 보면 달려가고 싶다.

사람들에게 가장 건강증진을 시킬 수 있는 치유는 바로 차크라 에너지이다. 기가 모자란 사람에게 급히 수혈을 해야 하는 것이 바로 차크라이다. 마스터 역할이 아주 중요하다.

02
우울증 치유하는 차크라

 우울증 환자가 점점 많이 생겨나고 있다. 여러 가지 방법이 있겠지만 자신이 극복하는 방법이 우선 선행되어야 한다. 스스로 생각에 사로잡혀 있는 것을 제어하기 힘들 경우에는 아주 위험한 상태에 놓일 수 있다.
 자연치유에 차크라 기 에너지 치유가 있다.

 차크라 치유는 강력한 손 에너지가 심장으로 들어가서 뇌 작용까지 면역체계를 높여준다.
 물론 여기에는 정신적인 것뿐만 아니라 우울증이 많은 사고 자체를 부정적인 것에서부터 긍정적 사고로 이끌어낸다.

 긍정의 힘은 오로지 차크라에 달려 있다. 차크라 에너지는 강력하게 몸으로 들어간다. 마음과 생각 그리고 정신적인 신경부분까지 들어가 작용한다. 구심력이 아주 강하다. 차크라 기운이 몸 안으로 들어가면 육체와 마음 정신적인 곳까지 구석구석까지 전달하여 완전체의 에너지로 바꿔준다.

 경험해보라 마스트를 통해서 치유를 받아보라 한번이라도 우울증세가 완화된다. 그렇지 않고서는 자살이라는 유혹에서 벗어나기 힘들다. 차크라 마스터로부터 도움 받아 우울증세에서 벗어나길 바란다. 희망은 언제든지 옆에 있다. 간절하면 방법을 찾을 수 있다.

부작용이 전혀 없는 손의 치유 차크라 에너지를 받아들여 몸 안에 있는 독소를 몸 바깥으로 내몰면 우울증이 사라진다.

03
허리 통증 차크라 치유

어느 70대 남자가 무거운 걸 혼자 들다가 허리가 삐끗해서 순간 사고다 싶어 바로 그 자리에서 일어나지 않고 누웠다고 한다. 10분간 잠시 있다가 다시 겨우 일어나 집으로 갔다한다.

그 이후로 4일 동안 계속 물리치료를 받았지만 허리 통증은 움직일 때 마다 점점 더 심해져 고통스러웠다고 전한다. 매일 같이 걷는 운동도 할 수 없었다고 전한다.

자세와 표정도 너무 안 좋아보였다. 허리 통증 때문이라 했다. 너무 걱정 말라 하고 잠시 침대 방에서 엎드리게 한 후 통증이 심한 곳에 차크라 10분을 쏘았다. 그런 후 집안에 있던 근육통증 젤을 발라 주고 그 곳에 적외선 등의 불빛을 쬐어 주었다. 시간은 모두 통틀어 충분히 하여도 30분 안에 끝냈다.

이상하게도 증상은 바로 없어졌다. 참으로 신기하다고 했다. 지난 일 주일 거의 내내 병원 물리치료 계속하여 다녔는데도 차도가 없었는데 간단히 손 차크라로 허리 통증이 없어졌으니 참으로 신기하기만 하다고 한다. 일어서는 것도 자연스러웠고 허리 움직임도 훨씬 부드러워졌다고 고마워한다. 일주일 내내 허리 잘 움직일 수 없었는데 차크라 한번 만에 그런 증상이 없어졌으니 놀랄 일이라 한다. 그러면서 두 손으로 엄지 척 한다.

04

어깨 회전근 파열 차크라 치유

오른 쪽 어깨 죽지든 왼쪽 어깨 죽지든 회전근 파열이 생겨 고통스런 사람들이 의외로 많다. 수술하기 전 할 수 있는 방법은 주사요법과 약 등을 쓸 수 있다. 그리고 스트레칭을 하면서 완화 할 수 있는 방법도 사용할 수 있다.

시간이 지나면 다시 원상태로 돌아가거나 더 나빠지는 것이 보통이다. 이러한 사람은 대체적으로 어깨와 팔을 잘 들지 못한다. 근육과 인대가 수축과 팽창이 잘 안되어 움직일 때마다 통증이 나타난다. 즉 혈액순환이 잘 되지 않기 때문이다. 회전근 파열된 사람은 대부분 통증에 시달려 일상생활 하기가 어렵다. 마지막으로 할 수 있는 방법은 수술밖에 없다.

이러한 증상이 있는 곳에 차크라 에너지를 10분만 쏴 주고 근육통 젤을 바르고 적외선 15분을 쬐어주고 난 뒤에 뜨거운 수건으로 젤을 피부에서 닦아낸 다음 케토톱 파스 두서너 개를 붙이면 통증이 빨리 사라진다. 이렇게 아침 저녁으로 두 번씩 이틀을 하면 거의 큰 통증에서 벗어날 수 있다. 차크라 치유 방법은 차크라 에너지 통증 제거 기법을 배우면 누구나 할 수 있다.

차크라 치유는 통증을 없애준다. 아주 빠른 시간에 효과가 있다. 한번 경험해 보길 바란다.

05
차크라는 혈액순환을 증가시킨다

   건강의 첫째조건이 혈액이다. 혈액이 탁하지 않은 사람은 아마도 아무도 없을 것이다. 자동차를 사면 처음에는 엔진오일이 깨끗하다. 시간이 흐를수록 오일이 점점 탁해져 적당한 시기에 오일 교환을 해야 한다.

   이처럼 사람의 혈액도 나이가 들수록 많은 노동과 정신적인 스트레스로 혈관이 수축 팽창되어 혈액이 맑아 질 수가 없다. 흐르는 통로도 좁아져서 고혈압 등 여러 가지 질병이 발생하게 된다.

   혈액은 진단 때 채혈해야 할 가장 중요한 요소이다. 차크라는 손바닥으로부터 흘러 들어온 자연의 에너지를 다시 우리 몸이 원활히 돌아 갈 수 있도록 손으로 차크라 차단을 할 수 있고 기가 모자란 사람에게 보충 할 수 있다. 방법은 마스터를 통해서 도움 받을 수 있다.

06

실명 회복해 주는 차크라

　사람이 살아가는 데에 있어서 건강처럼 중요한 게 없다. 하지만 나이를 먹어감에 따라 갑자기 병에 노출된다. 아무리 건강한 사람일지라도 50대, 60대, 70대가 다르다. 나이 먹어감에 따라 작은 상처나 증상은 무시해서는 안된다. 얼마 되지 않아 더 큰 질병으로 이어지기 때문이다.

　그것이 빙산의 아주 작은 일부분이 드러나는 것이기 때문에 그렇다. 그 증상 뒤에 도사리고 있는 근본 문제를 직시하여 관리하여야 한다. 그 중에 눈이 실명되는 것은 너무 힘든 고통이라 할 수 있다. 불행 중 다행히 한쪽이라도 괜찮다면 오히려 행복할 수 있다.

　마음가짐이 참으로 중요한 것이 바로 이런 위기가 왔을 때 이다. 실명 위기에 놓인 사람들이 절대적으로 알아야 할 건강 치유 정보가 있다. 그것은 바로 차크라 치유이다. 눈 가까이에 차크라 마스터의 손을 가까이에 대면 무한한 치유 에너지가 눈 안으로 들어간다. 병원에서 하는 수술은 위험성이 크다. 하지만 해야 할 경우는 해야 한다.

　차크라가 보완하는 대체요법을 병행한다는 생각을 가지는 것이 필요하다. 의사도 반대하지 않을 것이다. 환자를 위하는 마음은 오히려 더 클 것이기 때문에 그렇다. 차크라의 정보를 더 찾아보고 그러한 역량을 가진 마스터에게 늦었다 하지말고 차크라 빛의 에너지를 받아보는 것이 필요하다.

07
차크라 명상은 빛의 치유

 아침에 일어나서 그 다음날 다시 일어나는 그 시간까지 우리는 눈을 떠 있는 시간이 얼마나 되는지 한번 생각해보아야 한다. 24시간 중에 잠을 자는 사람은 4시간에서 8시간을 전후로 생각한다.

 잠을 자는 그 순간은 행동으로 옮기는 움직임을 멈춘다. 그렇다고 해서 모든 것들이 정지된 것은 아니다. 잠은 꿈속으로 이어진다. 몸이 새처럼 가볍게 날아다니기도 하고 천당과 지옥을 왔다 갔다 하는 사람도 있다. 때로는 이조 시대에 있었던 어느 때의 일들이 나타나기도 하고 그곳에서 있었던 일들이 그 때의 일들이 지금 이 시기에 자기 모습과 동화되어 움직이고 있음을 알게 된다.

 대부분 사람늘은 그것은 단지 꿈에 물과하다고 가볍게 여기기 쉽다. 꿈이나 잠을 잘 때도 자기 자신의 삶과 연속성이 있다는 것을 깨달아야 할 것이다. 어느 것 하나도 이유가 없는 것이 하나도 없기 때문이다. 지금 눈에 보이는 것만이 전부가 아니다. 하나에서 열까지 모두가 우주와 자연과 연결되어 존재하고 있다는 것을 알아야 한다.

 우리 일상생활에서 일어나는 작은 일에서 큰일까지 모든 것이 스스로 만들어 내는 것이 아니라 그러한 것이 미리 예정되어 있어서 행복한 삶으로 향한 방향으로 가는 길은 우연히 일어나는 것이 아니라는 사실을 깨닫게 된다. 그리하여 하루 24시간 만에 일어나는 모든 일들이 자연과 우주로부터 미리 짜여진 예정된 일이었다는 것을 깨닫게 되는 참다운 지혜를 가질 수 있을 것이다.

그 뿐만 아니라 시시각각 일어나는 눈에 보이는 것과 눈에 보이지 않는 것까지 우리들의 존재에서 벗어날 수가 없다. 하루에 활동을 하는 것 말고 잠을 자는 순간까지 모두 포함하여 하루를 말한다.
잠을 잘 때 때로는 예기치 않게 우리 몸은 하늘을 날아다니기도 하고 전생의 시대로 거슬러 올라가 상투 틀고 짚신 신는 옛날로 돌아가기도 한다.

때로는 유럽에 가 있기도 하고 하루아침에 한국에 있기도 하는 눈을 떠서 할 수 없는 상황들을 꿈속을 통해서 그것을 느끼게 된다. 더군다나 우리 몸의 세포도 마찬가지다. 정상적인 세포들이 때로는 전혀 예상치 못하는 변형을 일으켜 몸이 감당할 수 없게 만든 원인들도 보이지 않는 에너지의 반란이라 할 수 있는 증상중 하나이다.

우주의 소리, 움직임 등으로 신경세포들도 같이 그의 기운에 따라 움직이고 있음을 깨닫게 된다. 눈에 보이지 않는 부분이라 할 수 있는 것이 눈에 보이는 부분보다 중요하다하지 않을 수 없는 부분이라 할 수 있다. 간혹 눈에 보이지 않는 것은 눈에 보이는 것을 명령하고 다스릴 수 있다.

삶을 살아가는 동안 우리는 크게 눈에 보이는 것과 작게는 눈에 보이지 않는 것들 두 가지 분류 속에서 사람들은 살아간다. 사람들은 숙명처럼 받아들여가며 현대인들이 가지는 스트레스를 나름대로의 방법들을 동원하여 치유하며 자신의 존재를 부각시키며 잘 적응하며 살아가고 있는 것이다.
눈에 보이지 않는 작은 끈들은 눈에 보이는 존재에게 확실히 작용하고 있음을 안다. 삶의 연속이며 살아가는 데 필요한 중요 요소인지도 모른다. 삶과 인생, 우주의 요소는 동일한 것이다. 그러한 것들과 서로 연관되어 평상적인 하루의 삶들의 이것들과 아주 밀접한 관계에 놓여 있음을 알 수 있게 된다.

　행복한 삶을 위해서라면 우리는 평상시에 눈에 보이는 것과 눈에 보이지 않는 것의 중요함을 인지하여 우주의 자연과학을 지혜로 받아들여 잠자고 있는 뇌에 자극을 보내어 살아 있는 가치를 열손가락을 펼쳐 보이며 손가락마다의 역할을 의미하며 살아가는 것들이 모두 눈에 보이지 않는 것들과의 상호 연관성을 다시한번 중요함을 일깨워야 할 것이라 생각한다.

　보이지 않는 힘 즉 에너지는 영원하다. 이러한 에너지가 돌지 않는다면 우리 인생도 영원하다 할 수 없을 것이다. 눈에 보이는 에너지와 눈에 보이지 않는 에너지의 힘이 합쳐져서 전일을 만들어 내는 것이다.
　하늘과 땅의 기운 그것은 우주의 에너지의 합일점이라 하지 않을 수 없다. 자연과 우주의 에너지는 우리 삶의 근원적인 에너지이다. 이러한 것들은 우리 몸과도 하나로 이루어진다. 마음과 정신, 몸은 자연과 우주라고 해도 과언이 아니다.

　삶과 죽음을 두고 우리는 행복과 미래를 생각해봐야 할 것이다. 모든 삶은 우주와의 연결된 모든 에너지에서 나타날 수 있다. 죽음으로 모든 삶이 눈에 보이는 끝남이 아니라 죽음은 다른 생명을 다시 탄생을 예고하는 것이라 생각한다. 눈에 보이는 것은 눈에 보이지 않음도 갖고 있음을 내포하듯이 삶의 종말을 나타내는 죽음은 다시 탄생을 의미한다.

08

암 차크라로 치유

'암'이라는 단어는 게를 뜻하는 라틴 '카르시노마'에서 유래한다.

암은 가장 무서운 질병이며 체세포나 세포군의 비정상적인 성장으로 인한 모든 악성 종양을 가리킨다. 오늘날 심장병 다음으로 세계에서 두 번째로 큰 살인범이다. 이 용어는 200개가 넘는 질병을 다루고 있다.

암의 대부분은 50-60세의 연령층에서 발생한다. 섹스는 질병 발생에 영향을 미치지 않는다. 하지만 성장 현장에 영향을 미친다. 남성에서 암은 대개 장, 전립선에서 발견된다.

그리고 폐도. 여성의 경우, 주로 유방 조식, 자궁, 남낭, 삽상선에서 발생한다.

암의 증상은 성장 부위에 따라 다르다. 미국 암 협회는 일반적으로 암의 존재를 나타낼 수 있는 일곱 가지 징후나 위험 신호를 규정했다.

치유되지 않는 통증, 장이나 방광 습관의 변화, 비정상적인 출혈이나 배출, 가슴이나 그 밖의 곳에서 두꺼워지거나 뭉침, 소화불량이나 삼키는 데 어려움이 있다. 사마귀나 두더지의 명백한 변화, 끈질기고 끈질기게 계속되는 기침이나 독설이다.

다른 증상으로는 설명할 수 없는 체중 감소, 특히 노인들의 경우 피부색 변화와 생리 기간의 변화, 특히 기간 사이의 출혈이 있을 수 있다.

원인의 주된 원인은 알려지지 않았다. 발암물질로 알려진 어떤 암 유발 물질은 그 병에 걸릴 확률을 낮춘다. 약 80%의 암은 환경적 요인에 의해 발생한다.

인도에서 남성 암의 40%는 암을 유발하는 것으로 알려진 담배와 관련이 있다. 팬, 베틀넛, 담배, 석회류의 소비는 혀, 입술, 입 그리고 목의 암과 관련이 있다.

담배와 비디 흡연과 부카 퍼핑은 폐암과 목암과 관련이 있다. 알코올 음료를 많이 섭취하면 외소판, 위암, 간암을 일으킬 수 있다.

석면, 니켈, 타르 등과 같은 산업 오염물질에 대한 직업적 노출과 다량의 X선은 피부암과 폐암과 백혈병을 유발할 수 있다. 암을 일으키는 다른 요인으로는 바이러스 감염, 트라우마, 호르몬 불균형, 영양실조가 있다.

닥터 윌러드 J.저명한 과학자 비셋은 최근 과도한 육식과 암 사이의 연관성을 설명했다. 그에 따르면 악당은 암모니아로 고기 소화의 발암물질이다.

암의 효과적인 치료는 식생활의 완전한 변화로 이루어진다. 발암물질의 모든 환경적 공급원(예: 흡연과 발암성 화학물질, 공기, 물, 음식)을 완전히 제거한다. 최근 식이요법이 단지 미미한 것이 아니라 암의 발생과 예방에 있어서 주요한 요소라는 개념에 대한 대중의 관심이 급증하고 있다. 이 병은 '자연식품'과 메가 비타민 보충제의 사용을 포함하는 식이요법 프로그램에 의해 예방되고 치유되는 데 도움이 된다.

첫 번째 단계로써, 환자는 변비를 철저히 해소하고 피부, 폐, 간, 신장, 변의 모든 장기를 활동적으로 만들어 시스템을 깨끗하게 해야 한다. 관장은 결장을 깨끗이 하는 데 써야 한다. 처음 4, 5일 동안 환자는 오렌지, 포도, 레몬, 사과, 복숭아, 송이, 토마토와 같은 즙이 많은 과일만 먹어야 한다. 야채 주스, 특히 당근 주스 또한 유용하다.

독점적인 과일 다이어트를 며칠 한 후 환자에게 알칼리성 기반의 영양을 공급할 수 있다. 100퍼센트 이상의 자연 식품으로 구성되어야 하며, 특히 당근, 녹색 잎이 많은 채소, 양배추, 소노인, 마늘, 오이, 아스파라거스, 비트와 토마토에 중점을 두어야 한다.

대부분 아몬드, 우유, 씨를 뿌린 씨앗과 곡물과 같은 식물성 소스에서 나온 고품질 단백질의 최소 요구 사항은 식단에 첨가될 수 있다. 식단으로 암 극복 많은 도움이 된다. 하지만 결코 절대적이지 않다.
여기에 차크라 기 에너지 치유를 소개한다.
암에 걸리면 독소가 모든 혈액으로 퍼진다. 일반적으로 초기 암이라 하더라도 말기 암처럼 치료를 완전하게 하여야 한다. 그 이유는 혈액에 있는 독소가 언제든 다른 부위로 전이 될 수 있기 때문이다.

혈액 암이 치유가 쉽지 않은 것은 몸 전신에 있는 혈액이 독소로 차여져 있다. 그래서 혈액 암을 암 중에 특히 예후가 좋지 않다. 현대의학과 더불어 대체의학으로 암 치유에는 인도 차크라 기 에너지 치유가 있다.

차크라는 혈액 암의 최초 원인을 발견해 내어 그 부위부터 독소를 외부로 나가게 한다.

차크라는 기 에너지이다. 바퀴처럼 그 구심력이 대단하다. 몸 안에서 병을 일으키는 노폐물이 몸 외부로 빠져나가게 도와준다.

차크라는 부작용이 전혀 없다. 암 치유 현대의학과 병합하여 차크라 기 에너지 치유하면 큰 도움이 될 것이다.
차크라 기 에너지 치유를 받게 되면 항암하고 난후의 부작용 구내염, 탈모, 통증 등 증상 때문에 힘들어하는 것이 없어지게 된다.

몸에 면역력이 강화되었기 때문이다. 단 순간에 믿기 어려울 정도로 뛰어난 효과 때문에 정말로 암에 걸렸었는지 의아할 정도다.
사람들은 위기 때 일지라도 차크라 치유를 찾아야 한다. 생명만큼 중요한 것은 아무것도 없기 때문이다. 자신은 이 세상에 하나밖에 없는 유일한 창조물이다. 인간의 생명력은 아주 중요하다. 인간의 생명력은 곧 우주 자연이다. 차크라는 생명력을 나타낸다. 차크라는 바로 사신이다.

차크라 기 치유 에너지가 스트레스, 관절염, 불면증, 우울증, 치매, 뇌졸중, 유방암, 대장암 등 다양한 암에 힘들어 하시는 분들에게 널리 알려져 스스로 긍정적 에너지 찾아 건강해지길 바란다.

09
오래 사는 방법 차크라

몸 안의 독소를 제거하는 방법 중 차크라가 있다. 차크라는 기에너지이다. 강한 진동으로 몸 안을 헤집어 다니며 에너지의 영향을 미친다. 나쁜 독소가 있는 부위가 있다면 나선형으로 에너지가 돌아서 독소를 몸 바깥으로 나가게 도와준다. 이러한 차크라의 힘은 우리 모두가 진정 바라는 치유 에너지라 할 수 있다.

사람들의 인식이 문제다. 건강 예방과 치유에 있어서 어떤 것이 진정 바른 것인지 생각할 수 없다. 건강을 지키기 위해서는 차크라의 원리를 이해하려고 노력하는 것이 무엇보다 중요하다. 몸을 구성하고 있는 5가지 요소 중에 에테르, 공기, 불, 물, 흙 5가지가 있다. 원소들이 조화롭게 몸을 형성할 수 있다면 차크라 에너지로 스스로 치유할 수 있는 힘이 생기게 된다. 불균형을 가지고 있으면 병이 생긴다.

모든 삶은 생존하는 것에 그 가치가 있다. 차크라는 살아있는 힘이다. 차크라의 훈련을 통하여 자신의 삶에 활력을 불어 넣을 수 있다 .
차크라는 지금 변화에 절대적으로 필요하다. 급하게 서둘지 않으면서 천천히 자신을 찾으려고 노력하는 것이 무엇보다 중요하다.

차크라는 기 에너지이다. 기 에너지로 면역력을 높일 수 있다. 아무리 강조해도 부족함이 없는 것이 건강에 대한 중요성이다. 우리 몸은 육체와 마음과 정신으로 이루어져 있다.

어느 하나 부족하면 건강하다 할 수 없다. 마음의 병이 있으면 육체도 건강하지 못하다. 차크라 명상으로 얻어진 에너지로 병을 몰아내어 건강도 지킬 수 있을 뿐만 아니라 삶 또한 풍족해진다. 모두가 바라는 삶은 행복하고 건강하게 오래사는 것이다. 이것을 롱게버티(longevity)라고 한다.

롱게버티(Longevity)는 우리의 목표이기도 하다. 차크라로 롱게버티를 지킬 수 있다.

전체 교육과정

과정	기간
01 아유르베다 2급 지도자 과정	11주
02 아유르베다 1급 지도자 과정	11주
03 아유르베다 2급 강사 과정	11주
04 아유르베다 1급 강사 과정	11주
05 요가 아유르베다 2급 지도사 과정	11주
06 요가 아유르베다 1급 지도자 과정	11주
07 요가 아유르베다 2급 강사 과정	11주
08 요가 아유르베다 1급 강사과정	11주
09 차크라 명상 2급 지도자 과정	11주
10 차크라 명상 1급 지도자 과정	11주
11 차크라 명상 2급 강사과정	11주
12 차크라 명상 1급 강사과	11주

*세종대학교 미래교육원 02) 6935-2725
*상지대학교 평생교육원 033) 730-0933

치유 프로그램

종류
01 근골격계
02 혈액 심혈관 질환
03 신경성
04 심인성(마음,정신적: 우울증, 환청)
05 여성 질환(유방: 양성과 악성) 등
06 남성 생식기(전립선) 등
07 일반 질환
08 양성종양과 악성 종양
09 염증성 질환
10 화상
11 암
12 특수 질환

모든 병에서 벗어나는 힘 차크라 명상

참고문헌

- Your Aura and Chakras ································· 저자 | Karla Mclarem
- Chakras JAICO
- Psychology Chakras ································· 저자 | Richard A. Jelusich
- Chakras(Wheels of Life) ································· 저자 | ANODEN JUDITH
- THOSIT YOGA & CHI KUNG PUSTAK MAHAL ········ 저자 | PUSTAK MAHAL
- CHAKRA HEALING ································· 저자 | LIZ SIMPSON
- Yantra, Mantra and Tantra ································· 저자 | Dr. L. R. CHAWDHRI
- PRACTICAL HYPNOTISM ················ 저자 | Dr. NARAYAN DUTI SHRIMALI
- CHAKRAS ································· 저자 | 하리쉬 요하리(옮김: 이의영)
- 차크라 힐링 핸드북 ································· 저자 | 샤릴라, 배진스(옮김: 최여원)
- 치유에너지 일깨우기 ································· 저자 | 만탁 치아(옮김: 이여명)
- HEALING IN YOUR HANDS ································· 저자 | DEVENDRA VORA
- Tai Chi Fa Jin ································· 저자 | Mantak Chia and Andrew Jan
- THe Helaing Power of MUDRAS(THE YoGA of the HANDS) ········· 저자 | Menen
- The new Chakra System ································· 저자 | CASEY COSTELLO
- Theories of the Chakras Brige to Higher Consciousne ········ 저자 | Hiroshi Motoyama
- EXPLORING CHAKRAS(AWaken your UNtapped Energy) ········· 저자 | SUSAN
- The ABC's of CHAKRA THERAPY. Deedre ················· 저자 | Diemer
- Dhanwantari ································· 저자 | Harish Johari
- 조용천의 이야기 ································· 저자 | 조용천